MON CHAT CHEZ LE PSY

CHEZ LE PSY

50 COMPORTEMENTS INTRIGANTS
expliqués aux amoureux des félins

CATHERINE DAVIDSON

MON CHAT CHEZ LE PSY

50 COMPORTEMENTS INTRIGANTS
expliqués aux amoureux des félins

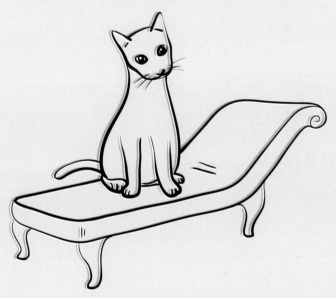

Traduit de l'anglais par
Catherine Vaudrey

Les Éditions
Transcontinental

Les Éditions Transcontinental
1100, boul. René-Lévesque Ouest, 24e étage
Montréal (Québec) H3B 4X9
Téléphone : 514 392-9000 ou 1 800 361-5479
www.livres.transcontinental.ca

Pour connaître nos autres titres, consultez le www.livres.transcontinental.ca.
Pour bénéficier de nos tarifs spéciaux s'appliquant aux bibliothèques d'entreprise ou aux achats en gros,
informez-vous au 1 866 800-2500.

**Catalogage avant publication de Bibliothèque et Archives nationales du Québec
et Bibliothèque et Archives Canada**
Davidson, Catherine
Mon chat chez le psy : 50 comportements intrigants expliqués aux amoureux des félins
Traduction de : *Why does my cat do that?*
ISBN 978-2-89472-497-2
1. Chats - Mœurs et comportement. 2. Chats - Psychologie. I. Titre.
SF446.5.D3814 2010   636.8'088   C2010-942051-9

The translation of *Why Does My Cat Do That?* originally published in English in 2008
is published by arrangement with THE IY PRESS Limited.
Titre original : Why Does My Cat Do That? Publié en français pour le marché de l'Amérique du Nord
avec l'autorisation de THE IVY PRESS Limited. Tous droits réservés.
© The Ivy Press 2008

Coordination de la production : Marie-Suzanne Menier
Conception graphique : Annick Désormeaux
Infographie : Louise Besner
Illustrations de chats : © 2010 Boris Zaytsev
Conseil vétérinaire : Dr Shawn Messonnier
Révision et adaptation : Serge Gendron
Correction : Edith Sans Cartier

Impression : Transcontinental Gagné
Imprimé au Canada

© Les Éditions Transcontinental, 2010, pour la version française publiée en Amérique du Nord
Dépôt légal – Bibliothèque et Archives nationales du Québec, 4e trimestre 2010
Bibliothèque et Archives Canada
Tous droits de traduction, de reproduction et d'adaptation réservés

Nous reconnaissons l'aide financière du gouvernement du Canada par l'entremise du Fonds du livre du Canada
pour nos activités d'édition. Nous remercions également la SODEC de son appui financier (programmes Aide
à l'édition et Aide à la promotion).

Les Éditions Transcontinental sont membres de l'Association nationale des éditeurs
de livres.

SOMMAIRE

INTRODUCTION

Adorable, gracieux, indépendant, le chat reste un mystère pour la plupart d'entre nous. Les félins ont une façon d'être qui dépasse la compréhension humaine. Tous les propriétaires de chats se sont un jour demandé « Pourquoi mon chat fait-il ça ? » Quelle est, par exemple, l'explication psychologique ou biologique au fait que le chat se frotte à nos jambes pour nous saluer ? Pourquoi a-t-il l'habitude de tourner le dos à son propriétaire après une réprimande ? Et pourquoi un animal domestique par ailleurs affectueux semble-t-il prendre tellement de plaisir à tourmenter ses proies ? Les chats sont imprévisibles et leur comportement nous fascine autant qu'il nous laisse perplexes.

C'est le nœud de notre longue relation avec les chats. Notre tendresse et notre proximité avec eux nous amènent à croire que leur perception du monde n'est pas si éloignée de la nôtre. En d'autres termes, nous les voyons comme des humains à fourrure et à quatre pattes plutôt que comme les descendants d'animaux sauvages. Cette vision faussée de la nature du chat amène les maîtres les mieux intentionnés et les plus aimants à commettre des erreurs qui causent détresse et angoisse chez leur compagnon et déception chez eux.

Ce livre répond à plus de 50 questions sur le comportement du chat en s'inspirant des plus récentes découvertes des spécialistes de la psychologie féline. Ces réponses vous aideront à comprendre votre chat et vous donneront l'occasion de voir les choses de son point de vue. Si votre chat savait lire, c'est le livre qu'il choisirait pour vous.

1

DU CHATON
À L'ADULTE

*Les chatons sont sans nul doute adorables, mais comme tous les bébés (animaux ou humains), ils ont des besoins particuliers et nécessitent de l'attention. Il est vital que votre relation démarre du bon pied, afin que votre chaton apprenne à s'adapter à votre demeure et que vous appreniez à vous adapter à lui. De nombreux propriétaires de chats sont effarés par les tendances de leurs chatons à se cacher, à se battre un peu plus agressivement que nécessaire et à ignorer la litière alors que le vendeur avait insisté sur leur propreté. Ce chapitre traite également des difficultés qui peuvent se présenter lorsque l'on accueille un petit chat dans la maisonnée. La plupart d'entre elles peuvent être résolues avec un peu d'amour et de patience, et votre chaton deviendra rapidement un compagnon agréable et affectueux pour votre famille et vous.

POURQUOI MA CHATTE TRANSPORTE-T-ELLE SES PETITS ?

Q

«Ma chatte est grosse de sa seconde portée. La dernière fois elle a mis bas sous le lit de la chambre d'amis, mais elle a ensuite transporté ses chatons dans la lingerie alors qu'ils n'avaient que quelques semaines. Je crois que nous l'avons peut-être dérangée en entrant trop souvent dans la chambre quand ils étaient petits, bien que nous ayons fait de notre mieux pour préserver sa tranquillité. Quelle est la meilleure manière de la rassurer cette fois-ci?»

R

Il est vrai qu'une chatte transportera ses petits dans un nouvel emplacement si l'ancien est trop souvent perturbé. Il s'agit d'une réaction naturelle à ce qu'elle perçoit comme une menace pour les chatons. Mais ce n'est sans doute pas la raison pour laquelle votre chatte a déménagé sa portée. Vous avez veillé à ne pas vous montrer trop intrusifs et de toute façon elle vous connaît bien. De plus, elle disposait d'un endroit propre et sec pour prendre soin de ses chatons: c'est exactement ce dont elle avait besoin.

> **✳ LES CHATONS SONT** entièrement élevés par leur mère, qui les toilette, les nourrit et les protège. Plus tard, elle leur enseignera ce qu'ils ont besoin de savoir pour pouvoir survivre tout seuls.

✳ UNE MÈRE CHAT saisit ses chatons par la peau du cou et les transporte, un par un, vers un nouvel abri.

Il est donc plus probable que votre chatte ait suivi son instinct naturel plutôt que de réagir à une perturbation. **Même en l'absence de toute menace, la majorité des chattes déménagent leurs petits dans un nouvel emplacement entre trois et quatre semaines.** On observe cela tout autant dans la nature que dans l'environnement de la maison.

On pense souvent que les chattes déménagent leurs chatons quand ils sont devenus trop grands pour l'emplacement d'origine ou quand celui-ci s'est sali. Mais la théorie selon laquelle le déménagement est relié aux besoins de développement des chatons est plus convaincante. Quand ils ont quatre à six semaines, les chatons commencent à manger de la nourriture solide. Cela signifie que la mère chatte a besoin d'un abri situé près de son terrain de chasse. Elle déménage donc les chatons en prévision d'une nouvelle étape de leur développement, le sevrage. Votre chatte n'a bien sûr pas besoin de chasser pour pourvoir à ses besoins en nourriture, parce que vous la lui fournissez. Mais en l'occurrence, comme c'est si souvent le cas avec les chats domestiques, ses instincts naturels refont surface et elle revient au comportement de ses ancêtres.

AUTRES ESPÈCES

Les chattes déménagent leur portée, mais d'autres espèces restent sur place. Le calao femelle fait son nid dans un trou d'arbre ou de rocher, puis mure littéralement l'entrée avec de la boue en s'enfermant à l'intérieur. Elle reste emmurée pendant des mois, jusqu'à ce que ses œufs aient éclos. Pendant ce temps, c'est le mâle qui la nourrit à travers une ouverture pratiquée dans le mur.

POURQUOI MON CHAT SE JETTE-T-IL SUR MES CHEVILLES POUR LES MORDRE ?

Q

« J'ai eu mon chaton quand il avait sept semaines. Au début il était tranquille, mais il semblait s'adapter. À présent, il est devenu très turbulent. Chaque fois que je passe près de lui, il se précipite hors de sa cachette et se jette sur mes chevilles. Au départ, cela ne m'ennuyait pas, et j'étais ravie de jouer avec lui, mais maintenant ses coups de griffes me font mal. Il a aussi commencé à me mordre, parfois jusqu'au sang. Il a maintenant douze semaines et ne montre aucun signe d'apaisement. Comment puis-je lui faire comprendre que jouer ne devrait pas faire mal ? »

R

Il s'agit d'un problème très courant, qui vient de la différence entre les besoins de votre chaton et votre capacité en tant qu'être humain à y répondre. Si votre chaton avait été laissé avec sa mère et ses frères et sœurs pendant plus longtemps, il aurait passé la plupart de son temps à jouer à se battre et à jouer à chasser. Sa famille chat lui aurait fait comprendre – avec de petites morsures de réprimande, ou simplement en cessant de jouer – qu'il se montrait trop brutal et il aurait vite compris la leçon.

Au début, les griffes et les dents de votre chaton ne vous dérangeaient pas, alors vous avez laissé passer. Pour lui, cela signifiait que griffer et mordre étaient permis. À présent qu'il est devenu plus grand, ses dents et ses griffes sont devenues beaucoup plus imposantes et sont capables d'infliger une réelle douleur. Enfin, comme vous l'avez remarqué, votre chaton en est venu à vous associer avec la bagarre, ce qui veut dire que le simple fait de vous voir déclenche une attaque.

Dire à votre chaton d'arrêter ne suffira pas. La meilleure manière de mettre un terme à ses attaques est de cesser de les rendre amusantes et de lui présenter de nombreuses autres manières de jouer afin qu'il ne s'ennuie pas. Fournissez-lui des stimulations en grand nombre. Essayez le jeu de la «canne à pêche», avec une ficelle et un long bâton, ce qui vous permettra de ne pas être attaquée. Vous pouvez aussi envisager d'acquérir un autre chat, qui lui tiendra compagnie.

✳ LES JEUX D'UN CHATON sont adorables, mais les attaques « pour rire » d'un chat adulte sont de moins en moins agréables à mesure que ses griffes et ses dents s'aiguisent.

✳ APPRENEZ à votre chaton à jouer à des jeux qui n'impliquent pas de s'en prendre à une partie de votre corps.

AUTRES ESPÈCES

À la différence des chatons, les lionceaux apprennent à chasser par l'observation plutôt que par la pratique. Ils sont beaucoup plus petits que leurs proies et ils ne peuvent donc pas prendre part à une chasse réelle au début. Ils l'observent à distance, acquérant une sorte de savoir «théorique» de la chasse. À l'âge de deux ans, ils seront assez grands pour mettre ce savoir en pratique et abattre une gazelle à eux tout seuls.

POURQUOI MON CHAT GRIFFE-T-IL LE SOL APRÈS AVOIR MANGÉ ?

Q

«J'ai un chaton de trois mois qui a la drôle d'habitude de griffer le sol près de sa gamelle. Il fait toujours cela après un repas, mais je ne l'ai jamais vu le faire en dehors de ces moments-là. Il a l'air de vouloir creuser pour déterrer quelque chose. Je le garde à l'intérieur et c'est mon seul chat, donc ce n'est pas parce qu'il imite un congénère félin. Pouvez-vous m'éclairer sur cette énigme?»

R

Les chats ont ceci de fascinant quand on vit avec eux qu'ils nous donnent parfois un aperçu du comportement de leurs ancêtres. À l'état sauvage, il y a des milliers d'années de cela, les chats rapportaient leur proie au nid et la dévoraient là. Afin d'empêcher que l'odeur attire d'autres animaux, ils enterraient les restes. Votre chat n'aura jamais besoin d'enterrer sa nourriture loin des prédateurs, mais les vieux instincts qui motivaient ses ancêtres sont toujours présents en lui. Un besoin primaire le pousse à reproduire leurs schémas comportementaux désormais obsolètes. **Chez certains chats, le besoin d'enterrer les restes est si pressant qu'ils traînent une serviette ou un journal jusqu'à leur bol pour l'en recouvrir. Ranger le bol du chat après ses repas est souvent la seule manière d'éviter ce type de comportement.**

AUTRES ESPÈCES

Il est bien connu que les écureuils gris enterrent les noix à l'automne pour les manger pendant l'hiver. Mais une étude récente a démontré qu'ils font également semblant d'enterrer des provisions afin de tromper d'autres écureuils qui pourraient les espionner. C'est ainsi qu'ils creusent et comblent ostensiblement des trous alors que leurs vraies réserves de nourriture sont soigneusement dissimulées autre part.

La nourriture est naturellement le principal centre d'intérêt dans la vie d'un chat domestique et elle peut faire l'objet de comportements apparemment inexplicables. Un grand nombre de propriétaires de chats ont remarqué par exemple que leur compagnon laisse souvent un jouet ou un autre objet de petite taille dans son bol de nourriture ou d'eau. Il s'agit aussi d'une réminiscence de la vie sauvage. Privé de l'occasion de chasser des proies réelles, un chat d'intérieur traque un jouet ou une boule de papier fournis par son maître attentionné. Comme il ne possède pas de cache dans laquelle ramener la proie en question, il l'apporte à l'endroit où il mange : c'est ce qui se rapproche le plus d'une grotte pour lui.

✳ DANS LA NATURE, un chat enterre ses restes afin que l'odeur n'attire pas l'attention des prédateurs. Il enterre ses fèces pour la même raison.

✳ LA GAMELLE sert aussi de cachette pour les chats. Vous y trouverez peut-être un jouet ou un autre objet de petite taille, soigneusement entreposés.

POURQUOI MON CHAT FAIT-IL SES BESOINS À CÔTÉ DE SA LITIÈRE ?

Q

« C'est la première fois que j'ai une chatte et j'ai du mal à l'éduquer à la propreté. On m'avait dit qu'elle était déjà propre, et elle sait sans aucun doute qu'elle doit faire ses besoins dans un endroit précis. Mais le problème est que cet endroit est juste à côté de la litière, et non pas dedans. Une amie m'a dit que la manière la plus rapide d'éduquer un chat est de lui mettre le nez dans ses fèces, mais je ne peux pas m'y résoudre. Y a-t-il une autre manière de l'encourager à se servir de la litière ? »

R

La mère d'un chaton lui apprend généralement à se servir de la litière, et la plupart des chatons se mettent à l'utiliser autour de cinq semaines. En théorie, les chatons emportent leurs bonnes habitudes avec eux quand ils changent de logement. Mais, comme vous avez pu le constater, la propreté n'est pas toujours aussi évidente.

Votre chaton femelle connaît l'endroit où elle doit faire ses besoins, mais elle le trouve repoussant pour une raison quelconque. **Assurez-vous qu'elle puisse y accéder facilement. Un bac peu profond est l'idéal.** Le choix de la litière est également important. Contactez le propriétaire d'origine pour savoir quelle litière il utilisait pour votre chaton. Vous pourrez toujours en changer plus tard.

Placez la litière dans un endroit rassurant pour elle, dans le coin d'une pièce par exemple. Ne la mettez pas près de sa gamelle : aucun chat n'aime souiller l'endroit où il mange. Pour commencer, confinez votre chatte dans une seule pièce afin qu'elle trouve facilement la litière. Mettez-la sur la litière quand elle se réveille, après les repas et après les périodes de jeu. Faites-lui griffer la surface de la litière pour l'habituer à l'idée de creuser. Nettoyez le bac régulièrement. Une fois qu'elle se sera habituée à la litière, vous pourrez progressivement augmenter la surface où elle peut se déplacer.

Si vous voyez que votre chatte est sur le point de faire ses besoins, déposez-la immédiatement sur la litière et complimentez-la. Ne lui mettez jamais le nez dans ses fèces : cela ne ferait qu'augmenter son anxiété et la fréquence des accidents.

✻ MONTRER à votre chaton que les fèces ont leur place dans la litière peut l'aider à apprendre à faire ses besoins au bon endroit.

✻ QUAND UN CHAT PROPRE fait ses besoins à côté de sa litière, cela peut indiquer qu'il y a quelque chose de repoussant pour lui dans ces latrines toutes désignées.

POURQUOI MON CHAT PROJETTE-T-IL SES JOUETS EN L'AIR QUAND IL JOUE ?

« Mon chaton adore jouer et passe de longs moments à courir et à faire rebondir une balle. J'ai remarqué qu'au bout d'un moment il glisse une de ses pattes sous la balle et la projette en l'air au-dessus de sa tête. Après cela il se retourne et la pourchasse avec une vigueur renouvelée. Un ami m'a dit que le chaton feint de traquer un oiseau et qu'il jette la balle en l'air pour simuler son vol. Mais est-il vraiment aussi imaginatif ? Il n'est jamais allé dehors et il n'a donc jamais vu d'oiseau réel. »

Voici une interprétation très courante de ce comportement, qui n'est cependant pas tout à fait exacte. L'action de projeter en l'air telle que vous la décrivez n'est pas liée au fait d'attraper des oiseaux en vol. Il s'agit plutôt de ce que fait un chat quand il pêche. Un chat pêcheur s'assoit au bord de l'eau ; quand un poisson passe, il glisse sa patte dans l'eau, sous le poisson, et le projette hors de l'eau par-dessus sa tête, sur la terre ferme. Ensuite il se retourne et se précipite sur lui pour l'achever.

Le comportement du chat pêcheur est souvent méconnu, car on voit plus souvent les chats chasser des oiseaux que pêcher. Mais un chaton qui dispose d'un étang ou d'une rivière affichera ce comportement dans la vie réelle et sera capable de rapporter un poisson vers l'âge de sept semaines.

* **PROJETER** un jouet en l'air est une pratique courante dans les jeux des chats. C'est leur manière de perfectionner leur technique de chasse.

* **LES CHATS** sont des pêcheurs-nés, mais la plupart d'entre eux n'ont jamais l'occasion de pêcher pour de vrai.

Votre ami a donc raison de dire qu'en projetant et en frappant des jouets votre chaton apprend comment se comporter avec une proie. La traque et l'embuscade sont des activités instinctives chez lui, mais ce sont aussi des compétences qu'il doit apprendre tôt dans sa vie, avant d'avoir à se débrouiller seul. Cependant, votre chat n'invente pas vraiment de jeux.

Les chats sont remarquablement joueurs et ils passent de longs moments à s'amuser avec leurs jouets. Ces jeux ont aussi une utilité. Projeter un jouet en l'air est un mélange d'instinct et d'apprentissage. Votre chat est en train de perfectionner les talents dont il aurait besoin pour survivre dans la nature.

AUTRES ESPÈCES

De nombreux mammifères sont des pêcheurs accomplis. Les ours bruns d'Amérique du Nord savent qu'à l'automne les saumons remontent les rivières pour frayer et profitent donc au mieux de cette occasion. Postés près d'une chute d'eau, ils attendent que les poissons sautent pour passer d'une mare à une autre et les cueillent en l'air pour les envoyer directement dans leur gosier.

POURQUOI MON CHATON SE CACHE-T-IL ?

« Le chaton que je viens d'acheter est très mignon, mais très timide. Depuis que je l'ai ramené à la maison, il y a quelques jours, il se cache sous le canapé pratiquement tout le temps. Il ne sort que quand je ne suis pas dans la pièce et y file de nouveau quand j'ouvre la porte. J'ai essayé de me mettre à son niveau et de tendre la main pour le caresser, mais il ne fait que reculer davantage sous le canapé. Je l'ai attiré avec un jouet-canne à pêche, mais cela n'a pas fonctionné longtemps. Comment puis-je lui faire sentir que je suis son ami ? »

Il est tout à fait normal qu'un chaton se cache tant qu'il n'est pas habitué à sa nouvelle maison. C'est plus facile s'il a un frère ou une sœur avec lui, et c'est pourquoi beaucoup de gens adoptent deux chatons d'une même portée plutôt qu'un seul.

Si votre chaton est sorti de sa cachette une ou deux fois pour jouer, c'est bon signe. Mais il lui faudra du temps pour s'aventurer avec confiance. Vous pouvez l'aider en le confinant dans une petite pièce au début : son nouveau territoire sera ainsi d'une taille plus acceptable pour lui. Vous mettrez là, bien sûr, son bac à litière, ses bols de nourriture et d'eau, et des jouets.

Passez beaucoup de temps dans cette pièce avec lui, mais n'essayez pas d'entrer en contact. À la différence des êtres humains, les chats sont plus à l'aise quand on les ignore. Une fois qu'il aura

compris que vous ne cherchez pas à le prendre dans vos mains, il se détendra en votre présence. Évitez aussi de le fixer des yeux, car il le percevrait comme une menace.

Parlez-lui doucement et tranquillement quand vous le nourrissez afin qu'il s'habitue à votre voix. Laissez la radio allumée pour l'accoutumer aux voix humaines en général. Servez-vous d'un jouet attaché au bout d'une canne, mais faites-le avec nonchalance afin de ne pas l'effrayer, et ne jouez pas trop longtemps à la fois. Essayez de le caresser gentiment de temps à autre, afin qu'il s'habitue à votre contact. Augmentez lentement le temps que vous passez dans la pièce avec lui. En temps voulu, vous vous apercevrez que c'est lui qui viendra jouer avec vous et vous réclamer des caresses.

* LA PLUPART des chatons sont timides quand ils arrivent dans une nouvelle maison. Ils ont besoin de temps pour s'accoutumer à leur compagnon humain.

* SOYEZ CALME et patient avec un chaton timide. Il s'habituera peu à peu à vous et finira par se coucher sur vos genoux.

POURQUOI MON CHATON FRAPPE-T-IL SON AÎNÉ ?

Q

« Je possède un chat de quatorze ans, que j'aime beaucoup, et je viens juste d'adopter un chaton abandonné dans un refuge. Je craignais que mon chat ne brutalise le chaton, mais c'est le contraire qui s'est passé. Le chaton ne cesse de l'ennuyer et l'a même griffé une fois. Mon chat réagit en l'évitant et il a cessé de venir dans le salon ou dans la cuisine quand le chaton s'y trouve. Ce sont des chats d'appartement, et ils doivent partager le même espace. Comment puis-je les aider à établir une relation amicale ? »

R

Les chats sont naturellement solitaires, et introduire un nouveau chaton dans la maison est parfois compliqué. Votre petit chat représente une menace moindre pour votre vieux chat qu'un autre chat adulte, mais ses manières turbulentes ne plaisent visiblement pas à votre matou.

Les chats adultes trouvent parfois les chatons perturbants et se retirent dans un endroit tranquille de la maison pour les éviter. Ils n'attaquent généralement pas les petits, même si la plupart d'entre eux ne dédaignent pas de les corriger de temps à autre. Mais quand votre chaton frappe son aîné, il ne fait probablement que l'inviter à jouer.

* **LES VIEUX CHATS** sont généralement tolérants avec les chatons, mais ils n'aiment pas particulièrement leurs manières turbulentes.

La meilleure manière d'aider votre matou est de vous procurer un deuxième chaton : les jeunes joueront ensemble et le laisseront tranquille. Si cela ne vous est pas possible, confinez votre chaton dans une partie de la maison et ne mettez les deux chats en présence l'un de l'autre (pour qu'ils fassent connaissance) que quand vous êtes là. **Donnez beaucoup de jouets au chaton et empêchez-le d'agacer votre vieux chat. Veillez à donner autant d'attention à ce dernier qu'auparavant.** Cela le rassurera quant au fait qu'il est toujours le chat dominant dans la maison.

Assurez-vous également qu'ils aient suffisamment de litière : les chats d'intérieur doivent en avoir un bac chacun, plus un bac supplémentaire. Ne mettez pas non plus leur nourriture au même endroit. Tant qu'ils n'ont pas à se battre pour la nourriture, la litière ou votre attention, vos deux chats devraient finir par s'entendre pour vivre en paix.

* UNE MAISONNÉE de plusieurs
    chats fonctionne bien si chacun
    bénéficie d'assez de nourriture,
    d'espace et d'attention.

POURQUOI MON CHATON SUCE-T-IL MA CHEMISE QUAND JE LE CARESSE ?

Q

« J'ai une petite femelle de six semaines, et elle est très affectueuse. Elle saute sur mes genoux et presse ses petites pattes sur ma poitrine tandis que je la caresse. De temps à autre, elle bave, ce qui est moins charmant. Elle suce aussi mes vêtements et mordille le tissu ou tire dessus. Ma chemise en est parfois trempée. Comment puis-je l'empêcher de faire ça ? »

R

Tous les propriétaires de chats connaissent le comportement que vous décrivez. Cela s'appelle « pétrir », et les chats le font généralement quand ils sont sur nos genoux. Le seul problème avec le pétrissage est que le chat sort ses griffes, et cela peut être douloureux si vous portez des vêtements fins ou si vous ne lui avez pas coupé les griffes.

Le pétrissage renvoie les chats à leur enfance, car c'est ce que font les chatons pour stimuler les montées de lait de leur mère. (Les bébés humains font la même chose : ils « sucent » le sein de leur mère quand ils veulent se nourrir.) En ce qui concerne les chats, sucer est un prolongement de ce comportement, mais c'est un peu moins courant. **Votre chatte reproduit les succions qu'elle faisait sur les tétons de sa mère. Tous les chats considèrent leur maître comme une sorte de mère de substitution et ils reviennent à ces comportements infantiles durant les séances de caresses.** Cependant, les succions sont plutôt le fait de chatons sevrés trop tôt. Vous avez adopté le vôtre à l'âge de six semaines. Un petit chat est généralement sevré entre six et sept semaines, mais il devrait néanmoins rester avec sa mère jusqu'à l'âge de douze semaines.

Il arrive que les chatons suceurs se débarrassent de cette habitude en grandissant, mais beaucoup ne le font pas. Certains finiront même par sucer votre lobe d'oreille et manger de la laine (*voir page 100*). La plupart des maîtres laissent leurs chats sucer, mais si ce comportement vous dérange, essayez de donner un coussin mou à votre chaton pour qu'il s'en serve comme substitut. Chaque fois qu'il commence à sucer, mettez-le sur le coussin. Encadrer les périodes de jeu peut aussi encourager un chaton nerveux à devenir plus indépendant.

✳ SUCER DU TISSU est un comportement typique des chatons qui ont été séparés très jeunes de leur mère.

✳ DE NOMBREUX CHATS pétrissent notre poitrine quand on les caresse. Ce comportement vient de leur enfance : ils faisaient la même chose pour stimuler les montées de lait de leur mère.

POURQUOI MON CHAT RESTE-T-IL COINCÉ DANS LES ARBRES ?

Q

«Mon pauvre petit chaton adore grimper dans les arbres, mais il est beaucoup plus doué pour monter que pour descendre. L'autre jour il est resté coincé en haut pendant six heures, et j'ai dû emprunter l'échelle du voisin pour pouvoir le secourir. J'ai peur qu'un de ces jours il ne monte trop haut pour que je puisse l'atteindre. Comment puis-je l'encourager à rester sur le sol?»

R

Monter aux arbres est un comportement naturel chez les chats. Dans la nature, les arbres sont les meilleures cachettes pour échapper aux prédateurs. Il est donc vain d'essayer d'empêcher votre chat de grimper aux arbres si vous le laissez sortir.

Mais vous avez raison de penser que votre chat est plus doué pour grimper que pour redescendre. Les griffes des chats sont recourbées de telle manière qu'il leur est facile de s'agripper au tronc d'un arbre en grimpant. Mais si un chat tente de descendre la tête la première, il est sûr de perdre pied. **Il faut du temps à certains chats pour comprendre qu'ils doivent descendre à reculons. Cela dit, la plupart d'entre eux finissent par redescendre: on n'a encore jamais vu un squelette de chat dans un arbre.**

Par ailleurs, vous pensez peut-être que votre chat est coincé alors que lui-même est parfaitement heureux. Votre premier réflexe doit donc être d'attendre. Si les heures passent, vous pouvez l'encourager à

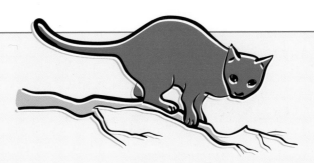

descendre en l'appelant gentiment et calmement. Ne criez pas : vous l'effraieriez, et cela le ferait grimper plus haut. Une boîte de thon tentatrice au pied de l'arbre peut lui donner le surplus de courage dont il a besoin. On peut aussi poser une échelle en bois contre l'arbre, mais le chat ne l'utilisera sans doute que s'il est seul ; aussi, laissez-la en place pendant au moins une demi-heure.

Si rien de tout cela ne marche, alors vous pouvez vous résoudre à aller le chercher ou demander à quelqu'un d'autre de le faire. Dans ce cas, veillez à ce que la personne qui grimpe dans l'arbre prenne toutes les précautions nécessaires : les êtres humains sont bien moins agiles et souples que les chats.

✳ GRIMPER aux arbres est un instinct
    naturel des chats. Ils se servent
    de leur queue comme d'un balancier.
    Les chats d'appartement recherchent
    aussi les endroits en hauteur.

✳ UN CHAT grimpe souvent plus
    facilement à un arbre qu'il n'en
    descend, mais très peu de chats
    restent « coincés » pour de bon.

2

UN TIGRE
À LA MAISON

* Les chats se sont remarquablement adaptés à la vie domestique. Cette adaptation est si large qu'ils peuvent vivre heureux aussi bien à la campagne, dans une ferme avec des hectares de terrain, qu'à la ville, confinés dans un appartement minuscule. Une partie de l'attirance durable qu'exercent les chats vient de leur plaisir évident quand on les caresse. Mais votre adorable *Felis domesticus* possède un autre trait de caractère : il véhicule toujours les gènes d'un chasseur sauvage et solitaire.

* Les chapitres suivants traitent de la nature indomptable du chat domestique. C'est cet aspect de son héritage qui explique pourquoi un chat claque des mâchoires quand il regarde une proie potentielle par la fenêtre, pourquoi il envoie des signaux en se servant de ses oreilles et pourquoi il a l'air de grimacer quand il renifle une odeur inhabituelle. Les maîtres connaissent la plupart des comportements décrits plus loin. Mais savoir ce qui les motive vous donnera une meilleure compréhension de la nature particulière de votre chat.

POURQUOI MON CHAT
SE COMPORTE-T-IL
BIZARREMENT
AVANT UN ORAGE ?

Q

«Ma chatte et moi, nous détestons les orages. Elle se cache sous le lit quand ils éclatent, et je dois admettre que j'ai toujours envie de l'y rejoindre. Mais j'ai remarqué récemment qu'elle se comportait de façon étrange également avant les orages. Elle semble très nerveuse et va même jusqu'à disparaître avant que le tonnerre ne se manifeste. Quand je finis par la trouver, elle est toujours en train de faire sa toilette. Peut-elle prédire la météo?»

R

Il existe une vieille superstition qui dit qu'un chat se passe la patte derrière l'oreille quand un orage arrive. Étant donné que les chats ne cessent de faire leur toilette, derrière les oreilles ou ailleurs, ce n'est pas une manière très efficace de prédire le temps qu'il va faire. Mais les chats, de même que d'autres animaux, semblent sentir le mauvais temps arriver, sans doute en raison des changements de pression qu'ils détectent dans l'atmosphère. Quelques êtres humains disent pouvoir faire la même chose: ceux qui souffrent de migraines, par exemple, affirment que leurs crises coïncident parfois avec le mauvais temps.

* IL N'EST PAS RARE qu'un chat se cache avant que l'orage n'éclate. Certains disent qu'il se passe la patte derrière l'oreille.

* LES CHATS, tout comme d'autres animaux, sont connus pour s'enfuir des endroits où une catastrophe naturelle est sur le point de s'abattre.

On attribue aussi aux chats et à d'autres animaux le pouvoir de sentir à l'avance des catastrophes naturelles. De nombreux maîtres racontent que leurs animaux domestiques se sont comportés bizarrement ou ont disparu avant un tremblement de terre. La plupart des spécialistes pensent que les animaux ont effectivement une sorte de sismographe intérieur qui leur indique de fuir le danger.

On ne sait pas exactement comment cela fonctionne, mais il est possible que les animaux ressentent l'électricité statique qui s'accumule avant un tremblement de terre ou un orage. Une autre explication est que les animaux remarquent les modifications subtiles du champ magnétique de la terre précédant un tremblement de terre. Une dernière théorie veut que le flair très développé des animaux leur permette de détecter les gaz souterrains qui s'échappent par de minuscules fissures dans la croûte terrestre avant que le tremblement de terre ne débute effectivement. Vous voyez que votre pressentiment quant aux aptitudes de votre chatte à sentir les orages arriver est soutenu par de nombreuses théories, et qu'il pourrait bien être fondé.

POURQUOI MON CHAT FAIT-IL CLAQUER SES MÂCHOIRES QUAND IL APERÇOIT UN OISEAU ?

Q

« Mon chat adore s'asseoir sur le rebord de la fenêtre et regarder passer le monde. Il n'est pas surprenant qu'il observe attentivement les oiseaux traversant son champ de vision. Mais ce qui est bizarre, c'est qu'il produit en même temps une sorte de claquement des mâchoires. C'est un bruit particulièrement étrange, et je ne l'ai entendu le faire que quand il regardait un oiseau par la fenêtre. Qu'est-ce que cela veut dire ? »

R

C'est l'un des comportements félins les plus particuliers que vous aurez l'occasion d'observer. **Claquer des mâchoires fait partie des instincts chasseurs de votre chat, et il ne fait cela que quand il observe une proie.** On rapporte que certains chats le font quand ils voient des oiseaux ou des écureuils à la télévision.

 LE REBORD DES FENÊTRES est le perchoir favori de nombreux chats. Ils recherchent les positions en hauteur pour avoir une bonne vue sur leurs proies.

✳ UN CHAT QUI S'APPRÊTE
à se jeter sur sa proie oscille la
tête d'un côté à l'autre comme
pour jauger précisément la
distance qui les sépare.

Comme vous l'avez remarqué, c'est un bruit des plus étranges – une sorte de crépitement. Les spécialistes pensent que ce bruit est l'expression de l'excitation ou de la frustration extrêmes du chat quand il voit un oiseau ou un animal qu'il ne peut attraper. Selon une théorie différente, il s'agirait d'une sorte de menace de la part du chat. Mais c'est peu probable, car ce bruit est tout à fait propre à terrifier une proie, et les chats sont généralement silencieux quand ils chassent. Hypothèse encore plus farfelue, on a dit que le claquement des mâchoires du chat était une tentative pour reproduire le chant d'un oiseau (ou d'un insecte comme la cigale), dans le dessein d'attirer sa proie.

Toutefois, la plupart des spécialistes pensent maintenant que ce bruit indique que le chat s'exerce à une morsure spéciale dont il se sert pour tuer sa proie. En d'autres termes, votre chat se prépare au moment où il pourra clouer sa proie au sol avec ses griffes et la supprimer promptement. Les chats y parviennent en mordant la nuque de leur proie et en «sciant» en quelque sorte la colonne vertébrale dans un mouvement de va-et-vient. Ce geste provoque une mort presque instantanée – et des observations minutieuses ont démontré que les chats reproduisent le même mouvement quand ils claquent des mâchoires.

POURQUOI MON CHAT SORT-IL SA NOURRITURE DE SA GAMELLE ?

Q

« J'ai acheté à ma nouvelle chatte un très joli bol pour sa nourriture, mais quand je lui donne de la nourriture en boîte, elle se débrouille toujours pour la sortir et la manger sur le sol. Si je lui donne des croquettes, elle en répand quelquefois partout autour. Pourquoi fait-elle cela ? Elle est d'une propreté méticuleuse le reste du temps, alors pourquoi est-elle si sale quand il s'agit de manger ? »

R

Votre chatte ne salit pas délibérément le sol quand elle mange. Elle se nourrit seulement de la manière la plus facile et la plus rapide pour elle. La nourriture pour chats sort généralement de la boîte en un amas trop important pour leurs mâchoires. La mettre sur le sol lui facilite la tâche de la déchiqueter en morceaux plus petits. Essayez de couper sa nourriture avant de la lui donner, cela suffira sans doute pour qu'elle mange dans le bol.

Si cela ne marche pas, vous avez probablement acheté une gamelle d'une forme inadaptée. Elle est soit trop petite, soit trop profonde, et les moustaches de votre chatte touchent les côtés quand elle mange. Les moustaches des chats sont des appareils de détection de mouvement très sophistiqués, et les chats n'aiment pas qu'elles soient recourbées ou écrasées.

Une grande gamelle peu profonde lui conviendra sans doute mieux. Les chats persans, avec leur figure écrasée, les préfèrent ainsi, car ils n'aiment pas devoir enfoncer leur gueule entièrement dans le bol pour atteindre leur nourriture.

Quant à répandre sa nourriture autour, votre chatte est peut-être tout simplement en train de vous dire qu'elle a assez mangé. Les chats préfèrent manger peu et souvent, comme ils le feraient dans la nature. Une étude a démontré que les chats auxquels on permettait de se nourrir librement revenaient à leur gamelle plus de trente fois par jour. Il n'y a pas beaucoup de maîtres qui ont le temps de mettre une petite portion de nourriture dans un bol fraîchement lavé aussi souvent dans la journée, mais vous envisagerez peut-être de donner à votre chatte des repas plus légers et plus fréquents.

✱ SI VOTRE CHAT mange sur le sol, cela peut vouloir dire que la taille ou la forme de son bol ne lui conviennent pas, ou que la nourriture que vous lui servez comporte de trop gros morceaux.

✱ LES CHATS préfèrent manger dans un récipient large et peu profond afin d'atteindre leur nourriture plus facilement sans que leurs moustaches soient écrasées.

POURQUOI MON CHAT ADORE-T-IL L'HERBE À CHATS, CONTRAIREMENT À D'AUTRES CHATS ?

Q

«J'ai deux chats, un mâle et une femelle. J'ai planté de l'herbe à chats dans mon jardin pour eux et j'ai été surprise de constater leur différence de comportement. Le mâle lui a accordé un bref reniflement puis s'est éloigné, tandis que la femelle s'en est montrée folle. Elle la lèche, la mâchonne, se roule dedans, saute, secoue la tête, grogne et en général s'adonne à un comportement plutôt frénétique. Elle semble aller bien après, et l'on m'a dit que l'herbe à chats est parfaitement inoffensive. Mais pourquoi cette plante a-t-elle un effet aussi fort sur l'une et aucun effet sur l'autre ?»

R

Observer votre chat quand il goûte l'herbe à chats pour la première fois est une expérience intéressante. Comme vous l'avez constaté avec votre femelle, un chat peut adopter un comportement théâtral, presque hallucinatoire. Sur d'autres chats, l'herbe aura un effet relaxant qui les mettra presque en transe. Les lions et les autres espèces félines réagissent de la même manière que les chats domestiques.

L'herbe à chats n'est pas une drogue, c'est une plante de la famille des menthes. Son ingrédient actif est une substance appelée népétalactone, qui se dégage des feuilles quand on les déchire. **Les scientifiques ne savent pas pourquoi cette substance affecte si fortement les chats, mais son effet ne dure pas très longtemps et semble inoffensif.** Il est donc sans danger pour votre chatte de mâchonner des feuilles ou des jouets bourrés d'herbe à chats. De manière très occasionnelle, un chat peut en manger trop et vomir, mais cela passera très vite et sans intervention.

Cependant, tous les chats ne sont pas fous d'herbe à chats. Elle n'a aucun effet sur les chatons de moins de trois mois, et les vieux chats y réagissent aussi moins que les jeunes. Certains chats, comme votre mâle, n'y réagissent pas du tout : on estime que plus d'un tiers des chats ne sont pas affectés par la népétalactone. C'est une tendance génétique (les parents de votre chat y étaient aussi insensibles) et il n'y a pas lieu de s'en inquiéter.

Une précaution à prendre toutefois : comme toutes les menthes, l'herbe à chats est une plante envahissante, et il est difficile de la contrôler. Il est préférable de la planter dans un grand pot pour confiner les racines et d'enterrer le pot dans une plate-bande.

✳ LA FRÉNÉSIE provoquée par l'herbe à chats dure généralement à peu près dix minutes, après quoi le chat revient à un comportement normal. Il n'en garde aucun effet persistant.

✳ LES CHATS mordent ou mâchonnent les feuilles d'herbe à chats pour libérer sa substance active, qui porte le nom de népétalactone.

POURQUOI MON CHAT
RETROUSSE-T-IL LA LÈVRE
SUPÉRIEURE QUAND IL
SENT UNE ODEUR FORTE ?

Q

«Le chat d'un voisin est entré dans ma maison et a arrosé le canapé pendant que nous étions au jardin. Mon chat a paru horrifié quand il l'a senti. Il s'est approché du canapé et l'a reniflé consciencieusement. Puis il a reculé, ouvert la gueule et retroussé la lèvre supérieure en fixant le vide comme s'il était hypnotisé. Je ne l'ai jamais vu grimacer de la sorte ou avoir l'air aussi désorienté. Est-ce quelque chose que font les chats quand ils éprouvent de la répulsion ? Et si oui, pourquoi ? »

R

Quand les chats sont dégoûtés par une odeur, ils s'en éloignent aussi vite que possible. Mais la réaction de votre chat à l'odeur du pipi d'un autre chat est de nature différente. Ce n'était pas de la répulsion ; sa réaction montre qu'il était profondément intéressé. Le pipi de chat contient énormément d'informations, et votre matou voulait en savoir autant que possible sur le chat qui avait marqué son territoire.

C'est un fait que les chats ont un sens de l'odorat bien plus développé que celui des humains. C'est leur sens principal, comme la vue l'est pour nous. Ce n'est pas seulement qu'ils détectent plus finement les odeurs. Ils possèdent un organe supplémentaire de flair, situé sur leur palais. On l'appelle l'organe voméro-nasal, ou l'OVN. Ce super-pouvoir olfactif permet aux chats de «goûter» une odeur de façon à en retirer toutes les données d'importance capitale.

Quand votre chat fait la grimace bizarre que vous décrivez, il est en fait en train d'activer son OVM. Pour ce faire, il doit lever le menton, ouvrir la bouche, retrousser la lèvre et inhaler lentement. Cette drôle d'expression ferme les voies respiratoires habituelles et dirige sa respiration vers l'OVN, qui analyse chimiquement l'odeur. Ce processus demande de la concentration, et c'est pourquoi votre chat a l'air d'être en transe. Il cherche la réponse à une question fondamentale : celui qui a laissé cette trace chez moi était-il une femelle en chaleur ou un mâle roulant des mécaniques dans mes plates-bandes ?

* **LA GRIMACE BIZARRE** que fait un chat quand il croise certaines odeurs est appelée la réaction de Flehmen. On l'observe aussi chez d'autres animaux.

* **LE SENS OLFACTIF** est vital pour un chat. Il renifle toujours sa nourriture avant de la manger afin de déterminer si elle est comestible.

POURQUOI MON CHAT SE LÈCHE-T-IL LES BABINES SI SOUVENT ?

Q

«Mon chat a la drôle d'habitude de sortir sa langue et de se lécher les babines. Au début, je pensais qu'il se nettoyait autour de la gueule, mais il n'avait pas l'air de le faire après avoir mangé, par exemple, ou quand il faisait sa toilette. J'ai remarqué qu'il a tendance à se lécher les babines quand j'allume le climatiseur. Qu'est-ce que cela signifie?»

R

Les chats, comme bien des animaux sauvages, ont le choix entre deux attitudes quand ils sont dans une situation dangereuse ou désagréable: tenir bon et se battre ou bien baisser la queue et s'enfuir. Cependant, certaines situations ne sont pas assez claires pour déclencher le réflexe lutter-ou-fuir, et les chats se rabattent donc sur une troisième réaction d'indécision. C'est ce que les spécialistes du langage corporel appellent un «déplacement d'activité», et c'est également très courant chez les humains. Ainsi, quand vous êtes incertain de la conduite à tenir, vous vous tripotez les cheveux ou vous vous rongez les ongles. Se lécher les babines est l'équivalent de cette réaction pour un chat – une sorte de tic comportemental qui l'aide à dépenser l'énergie nerveuse qui s'accumule en lui.

Un chat réagit avec ce déplacement d'activité quand il est partagé entre des désirs contradictoires. Quelque chose a attiré son attention qui est en même temps perturbant et confondant: un chat miaule contre la télévision, par exemple. Quand votre climatiseur commence à bourdonner, votre chat ne sait pas s'il devrait se lever et partir, ou rester et mener l'enquête. Le fait de se lécher les babines est une manière de déplacer l'agitation qu'il ressent, car c'est une activité familière et réconfortante.

Faire sa toilette est un autre exemple de déplacement d'activité. Vous verrez souvent les chats se laver quand vous avez des visiteurs, notamment. Il est normal aussi de les voir s'occuper de leur pelage beaucoup plus souvent si la situation dans la maison s'est brusquement modifiée. Pour mieux supporter le stress d'un déménagement ou l'arrivée d'un nouveau bébé dans la famille, le chat fait sa toilette (*en cas de toilette excessive, voir page 104*).

* SE LÉCHER les babines est un signe d'indécision. Cela ne veut pas dire, comme chez les humains, que votre chat pense à un succulent morceau.

* CE TIC révèle l'incertitude d'un chat. D'autres agiteront convulsivement la queue ou feront leur toilette de manière approfondie.

AUTRES ESPÈCES

De nombreux animaux ont recours à un déplacement d'activité quand ils sont stressés. Les chimpanzés en conflit intérieur sont connus pour se gratter le crâne tout comme les humains. Certaines espèces d'oiseaux picorent de l'herbe ou frottent leur bec contre une branche. Et quand deux épinoches mâles entrent en conflit sans vraiment savoir si elles vont se battre ou non, elles baissent la tête et creusent le sol comme pour faire un abri.

POURQUOI MON CHAT JOUE-T-IL AVEC SA PROIE ?

Q

« Mon partenaire prétend que les chats sont méchants et il cite le fait qu'ils jouent avec leur proie à l'appui de ses dires. Les rares fois où j'ai pu observer mon chat attraper une souris, il avait effectivement l'air de prendre du plaisir à la tourmenter. Il faisait semblant de ne plus être intéressé, laissait la pauvre filer, puis se jetait de nouveau sur elle. Faisait-il cela juste par méchanceté gratuite, ou y a-t-il une autre raison qui le pousse à jouer avec son infortunée victime ? »

R

Il est certainement navrant de voir votre chat bien-aimé torturer une autre créature vivante. Mais soyez rassurée, votre chat est incapable de ressentir la méchanceté que votre partenaire lui attribue. On pourrait penser que ce comportement est un autre exemple de l'instinct qui a survécu à la domestication, et que ce que vous avez observé est une survivance de la « loi de la jungle ». Mais, curieusement, on ne trouve pas ce comportement chez les autres espèces de félins, et rarement chez les chats vivant à la campagne. **Seuls les chats d'appartement tourmentent leur proie de cette manière. C'est la conséquence de leur manque d'occasions de chasser.** Quand un chat d'appartement met la patte sur une proie vivante, il répugne naturellement à cesser de jouer aussi rapidement.

* UN CHAT DOMESTIQUE peut garder une souris ou une autre petite proie vivante simplement pour prolonger le plaisir de la chasse et de la capture.

✱ LES CHATONS apprennent à chasser les proies en frappant un petit objet et en se jetant dessus.

Un autre genre de «jeu» auquel le chat joue avec sa proie est de la frapper de la patte plutôt que de l'achever avec une morsure dans le cou. Contrairement au jeu de capture et de libération que vous décrivez, c'est un comportement naturel. Certaines proies plus grosses – comme les rats ou les campagnols – sont capables de mordre sauvagement un chat. En frappant l'animal de manière répétée, le chat l'assomme petit à petit. Il peut ensuite l'achever sans risquer d'être blessé. Un chat qui a l'habitude de chasser ne frappe pas une souris de la même manière parce qu'il sait qu'il ne risque rien avec elle. Mais un chat d'appartement, qui n'a pas autant d'expérience de la chasse, n'est pas sûr du risque qu'il court et il frappe la souris jusqu'à ce qu'il soit certain d'être en sécurité.

POURQUOI MON CHAT A-T-IL DES MOMENTS DE FOLIE ?

Q

« Régulièrement, mon chat passe par des moments où il se comporte d'une manière complètement démente. Il court comme un fou autour de la maison, saute en l'air, se jette sur une proie imaginaire et pourchasse sa propre queue. Quelquefois il se calme et a un autre épisode de folie un peu plus tard. Cela se passe généralement tard le soir. Il a vraiment l'air dérangé quand il fait ça, et je me demande si c'est un signe de maladie mentale. »

R

Ne vous inquiétez pas. Beaucoup de gens racontent que leurs chats courent frénétiquement dans toute la maison sans raison apparente. Ce n'est pas exactement un comportement normal dans le sens où vous ne verriez pas un chat agir ainsi dans la nature. Mais il existe une explication parfaitement rationnelle à cela.

Il est probable que votre chat, comme la plupart des chats d'appartement, passe beaucoup de temps à l'intérieur. Bien qu'il soit sans aucun doute bien traité et bien nourri, il n'a pas assez l'occasion de courir et de chasser (un chat peut courir à 50 km/h si on lui donne assez d'espace pour cela). Inévitablement son instinct naturel pour la chasse est un peu frustré. Au quotidien, ce n'est pas un problème. Les chats sont des animaux remarquablement adaptables et sont normalement très heureux dans la maison. Mais de temps à autre, le besoin de chasser les prend. Un petit stimulus, souvent passé inaperçu pour leur maître, déclenche leurs instincts primitifs, et ils tourbillonnent tout autour de la maison.

Cela ne veut pas dire que votre chat est malheureux. **Ces moments de folie sont une manière d'employer son énergie inutilisée et de rester en forme.** Toutefois, si vous voulez vous assurer que votre chat est assez stimulé, vous pouvez essayer d'augmenter le temps qu'il passe à jouer. Le meilleur moyen est de lui donner des jouets : essayez un sac en papier, une boule de papier froissé ou une souris bourrée d'herbe à chats (que vous trouverez dans les magasins pour animaux). De temps à autre, rangez ses jouets pour les lui présenter de nouveau plus tard. Votre chat appréciera aussi énormément que vous passiez quelques minutes à jouer avec lui chaque jour.

* POURCHASSER SA QUEUE est un comportement que l'on observe plutôt chez les chiens, mais les chats le font aussi dans leurs moments de folie.

* VOUS VERREZ peut-être votre chat sauter en l'air pour échapper à un ennemi imaginaire ou chasser une proie invisible pendant ses moments de frénésie.

POURQUOI MON CHAT AGITE-T-IL LA QUEUE ALORS QU'IL N'EST PAS FÂCHÉ ?

Q

« Les chiens agitent la queue quand ils sont contents et les chats agitent la leur quand ils sont en colère, n'est-ce pas ? C'est ce que je pensais avant d'avoir un chat, mais maintenant je n'en suis plus si sûre. La queue de mon chat ne cesse de frémir toute la journée. Quelquefois je vois bien qu'il est irrité, mais à d'autres moments il a l'air plutôt content. Agiter sa queue a-t-il donc plus d'une signification pour lui ? »

R

Si vous voulez comprendre votre chat, vous pouvez commencer par observer sa queue. La queue d'un chat est l'un des principaux indicateurs de son humeur, mais son langage est bien plus subtil que ne le pensent la plupart des gens. Par exemple, une queue frémissante n'est pas toujours un signe de colère. Plus souvent qu'autrement, c'est un signe d'indécision ou d'incertitude.

De manière générale, quand un chat fouette l'air de sa queue, c'est qu'il est en colère. Et quand il le fait très vite, il est sur le point de passer à l'attaque. Les chats bougent leur queue ou en recourbent seulement le bout quand ils sont curieux ou incertains. Quand votre chat se réveille d'une sieste au soleil et aperçoit quelque chose qui l'intéresse, vous remarquerez que le bout de sa queue commence à s'agiter avant qu'il ne se lève.

AUTRES ESPÈCES

La plupart des animaux préfèrent faire face à l'attaquant pour lutter ; aussi les signaux d'attaque sont-ils quasi universels dans la nature. Pourtant, les moufettes détournent la tête et dirigent le derrière vers leur agresseur pour indiquer qu'elles vont l'asperger. Des espèces aussi diverses que le mandrill ou le zèbre ouvrent la gueule et découvrent leur dentition pour mettre bien en vue les armes dont elles disposent.

Les chats se servent aussi de leur queue pour communiquer. Par exemple, ils la dressent toute droite pour dire bonjour. On pense qu'une queue dressée est une sorte d'invitation à se frotter l'un contre l'autre ou à entrelacer les queues. La queue d'un chat s'immobilise et frémit quand il salue la personne qu'il préfère, généralement son maître ou sa maîtresse. D'un autre côté, quand il salue un étranger ou un autre chat, sa queue est souvent recourbée au bout, un signe qui indique des intentions amicales mais aussi de la prudence.

Par opposition, un chat effrayé tend à baisser la queue. Si la queue est coincée entre les pattes arrière, alors le chat affiche une soumission absolue. Si elle est gonflée, cela signifie que le chat a peur. On voit aussi une queue hérissée quand le chat rencontre un agresseur qui tente de l'impressionner et de lui faire croire qu'il est prêt à en découdre (*voir aussi page 48*).

* **LA QUEUE** est un baromètre efficace de l'humeur d'un chat. Ici, il manifeste son indécision : est-il l'heure de se lever ou de recommencer à dormir ?

* **UN CHAT DÉTENDU** marche la queue basse et recourbée vers le haut, au bout. La queue peut ainsi se dresser s'il repère un ami, félin ou humain.

POURQUOI MON CHAT
POURSUIT-IL LE GROS
CHIEN DE MON VOISIN ?

Q

« Mon voisin possède un Doberman pinscher. Le chien est généralement dans le jardin, mais de temps à autre il se promène à l'extérieur. Ma chatte est une dure à cuire et se débrouille pour garder les chats du voisinage à l'œil, mais imaginez mon étonnement quand je l'ai vue un jour poursuivre le Doberman dans un champ. J'ai été témoin de cela plusieurs fois, et visiblement ni elle ni le chien n'ont réalisé qui était le plus fort en réalité. Comment ma chatte parvient-elle à effrayer un animal qui fait plusieurs fois sa grosseur ? »

R

Il est clair que le chien de votre voisin est capable de vaincre un chat dans une lutte normale. Ce qu'il s'est passé ici, c'est que votre chatte a fait croire au chien qu'elle était dangereuse – et à présent elle profite de cet avantage.

✳ UN CHAT peut faire croire à un chien qu'il est un adversaire formidable et pousser son avantage en le chassant.

✳ FACE À UN ADVERSAIRE plus gros que lui, un chat hérisse son poil et se tient de profil afin de présenter une apparence plus impressionnante.

La plupart du temps, les chats fuient les chiens et se réfugient en hauteur dans un endroit sûr, un arbre par exemple. **Mais un chat acculé doit trouver un autre moyen d'affronter son adversaire. Il doit donc bluffer pour se tirer d'affaire.** Il fait gonfler sa fourrure pour paraître plus gros, fait le gros dos, étire les pattes au maximum et hérisse son poil, tout cela dans le but de convaincre le chien qu'il est un adversaire à la hauteur. Le chat se tiendra aussi de profil par rapport au chien de façon à être vu sous son angle le plus impressionnant. Il siffle, crache et sort les griffes. Cet étalage de force peut suffire à terrifier un chien et à le forcer à battre en retraite. Quelquefois, comme dans le cas de votre chatte, c'est l'animal le plus petit qui chasse l'autre, sachant qu'il a eu le dessus sur son ennemi.

Il faut souligner que les chiens sont plus susceptibles de céder devant les menaces de lutte à mort de la part des chats si ceux-ci adoptent ce comportement dès la première rencontre. Comme toujours dans la vie, il vaut mieux que le bluff aille jusqu'au bout pour être convaincant. Si le chat s'enfuit à la première occasion, il déclenchera les instincts chasseurs du chien. Une fois que ce dernier aura commencé à le pourchasser, il est peu probable qu'il se laisse impressionner par les fanfaronnades du chat.

POURQUOI MON CHAT MANGE-T-IL MES PLANTES D'INTÉRIEUR ?

Q

« Mon chat semble avoir un faible pour l'herbe. De temps en temps, il en mâche une touffe et en avale quelques brins. La plupart du temps, il a l'air d'aller bien, mais quelquefois il régurgite l'herbe avec les restes de son repas. Récemment, il a aussi pris l'habitude de dévorer mes plantes d'intérieur. L'autre jour, en revenant du travail, j'ai trouvé l'une d'elles proprement tondue. Comment puis-je l'empêcher de faire cela ? »

R

Le comportement que vous avez observé chez votre chat est tout à fait normal, et il est probablement impossible de le faire cesser. Cela semble bizarre uniquement parce que nous sommes habitués à penser aux chats comme à des carnivores. Mais le fait est que la plupart d'entre eux mangent un peu de matières végétales de temps à autre.

Personne ne sait exactement pourquoi les chats mangent de l'herbe, mais il existe plusieurs théories. L'une d'elles veut que les chats mangent des plantes pour ajouter des fibres à leur régime. Toutefois, la quantité qu'ils digèrent est si faible qu'il est difficile de croire à cette explication. Une théorie plus convaincante est que les chats se servent de l'herbe comme d'un vomitif, c'est-à-dire qu'ils mangent de l'herbe pour vomir une boule de poils ou quelque chose qui les dérange. Si votre chat fait cela fréquemment, emmenez-le chez un vétérinaire pour vous assurer que tout va bien.

* **UN CHAT** qui mange de l'herbe régurgite régulièrement, mais c'est sans danger pour lui et on pense même que cela lui fait du bien.

* **LES CHATS** d'appartement mordillent quelquefois vos plantes vertes en guise de substitut pour l'herbe.

Les chats ne vomissent pas toujours après avoir mangé des plantes, donc il doit y avoir une autre raison. La dernière théorie est qu'ils en mangent pour obtenir de l'acide folique. Cette vitamine B essentielle favorise la production des cellules rouges et prévient donc l'anémie.

Il n'est pas surprenant que les chats qui mangent de l'herbe grignotent aussi les plantes d'intérieur. Certains d'entre eux essayent même de manger les fleurs coupées. Mais quelques plantes, comme les poinsettias, le lierre, les azalées, les pois de senteur, les delphiniums et les jonquilles sont du poison pour eux. Demandez à votre vétérinaire la liste complète des plantes et des fleurs empoisonnées. Vous pouvez empêcher votre chat de manger des plantes en saupoudrant les feuilles de poivre de Cayenne, en enterrant des zestes d'orange autour des pieds ou en mettant les plantes hors de sa portée. Si votre chat est un chat d'appartement, vous pouvez aussi faire pousser de l'herbe dans une jardinière pour qu'il la mordille et laisse vos plantes tranquilles.

POURQUOI MON CHAT
S'AGITE-T-IL
QUAND IL DORT ?

Q

«Ma chatte adore faire la sieste sur mes genoux, et j'aime la regarder sursauter et frissonner pendant qu'elle dort. De temps en temps, elle grogne ou siffle. Une fois, elle a même agité ses pattes dans tous les sens, miaulé et grondé… avant de se réveiller en sursaut. Je suis convaincu qu'elle rêve et qu'elle fait aussi des cauchemars. Mais ma femme répète que les chats n'ont pas assez d'imagination pour rêver. Qui a raison?»

R

Il y a des chances pour que votre femme ait tort. L'expérience montre que les chats rêvent de manière aussi régulière et aussi vivante que les humains. L'étude de l'activité cérébrale des chats a établi qu'ils ont, tout comme nous, des cycles de sommeil et qu'ils alternent les phases de sommeil léger et profond. Pendant les phases de sommeil profond, ils font de petits mouvements du genre de ceux que vous décrivez: les pattes gigotent, les griffes rentrent et sortent, les oreilles frémissent, les moustaches bougent, et le chat émet quelquefois des bruits. Le fait que ces mouvements coïncident avec les phases de sommeil profond signifie que le chat rêve ou qu'il fait quelque chose de très similaire.

Les scientifiques ne peuvent pas, bien sûr, nous dire à quoi rêvent les chats, mais de nombreux maîtres pensent qu'ils rêvent de proies, de chasse et de jeux. Il est probable que la fonction du rêve chez les chats, comme chez les humains, soit de traiter les expériences de la journée, bonnes ou mauvaises. **Les chats revivent donc probablement leurs**

mauvaises expériences en rêve. Cela suffit-il à dire que les chats font des cauchemars ? Il est difficile de répondre à cette question, et il vaut mieux la laisser aux philosophes.

Mais ce que nous savons avec certitude à propos du sommeil des chats, c'est qu'ils possèdent une aptitude remarquable à ne dormir que d'un œil. Quand un chat entend un bruit indiquant un danger ou quelque chose d'intéressant, il se réveille d'un coup. On a vu des chats sommeiller paisiblement près de quelqu'un qui se servait d'un sèche-cheveux et se lever d'un bond quand ils entendaient le bruit de l'ouvre-boîte.

✳ **LES CHATS** peuvent dormir jusqu'à 16 heures par jour. La plus grande partie de leur sommeil est un sommeil léger, ce qui signifie qu'ils peuvent se réveiller en une seconde.

✳ **ON S'EST SERVI** d'encéphalogrammes pour étudier les ondes cérébrales de chats endormis. Les résultats montrent que les chats dorment profondément - avec des mouvements d'yeux rapides - durant un tiers du temps et qu'ils rêvent pendant ces périodes.

POURQUOI MON CHAT
TOMBE-T-IL PARFOIS
SUR LE CÔTÉ PLUTÔT
QUE SUR SES PATTES ?

« Je pensais que les chats atterrissaient toujours sur leurs pattes, mais ce n'est pas le cas de ma chatte. Il y a quelques semaines, je l'ai vue perdre pied et tomber du rebord de la fenêtre. Mon cœur a fait un bond, mais elle est retombée sur ses pattes. Pourtant, l'autre jour, j'ai essayé de la prendre alors qu'elle venait de s'allonger sur le dossier du canapé. Pour une raison inexpliquée, elle s'est débattue pour m'échapper et a fini par tomber sur le sol. Elle est tombée durement sur le flanc en s'enroulant sur elle-même. Que s'est-il passé ? »

R

Votre chatte a probablement été prise par surprise quand elle est tombée du canapé et n'a pas eu le temps de se redresser. Comme de nombreux témoignages le prouvent, les chats ont effectivement la capacité d'atterrir sans dommage quand ils tombent. Cela fait partie de la panoplie de compétences qu'ils ont naturellement développées pour grimper. Quand un chat perd l'équilibre, un réflexe de retournement intervient qui lui permet d'adapter la position de son corps durant sa chute.

Grâce aux vidéos, nous savons maintenant exactement comment ce réflexe intervient. Avant tout, un chat qui tombe détermine dans quel sens il est en se servant du mécanisme d'équilibre de l'oreille interne. Il tourne d'abord la tête dans la bonne direction, puis redresse le reste de son corps en position d'« atterrissage ». C'est sa colonne vertébrale

AUTRES ESPÈCES

Il existe des animaux qui savent tomber aussi élégamment que le chat. L'écureuil volant possède une membrane appelée patagium qui relie son poignet et sa cheville. Quand le patagium est déployé, l'écureuil est suspendu dans les airs comme une sorte de petit planeur poilu et plane gracieusement sur parfois plus de 60 mètres.

extrêmement flexible ainsi que l'absence de clavicules qui lui permettent d'opérer cette contorsion acrobatique. Sa queue joue aussi un rôle dans l'opération, en faisant office de contrepoids et en lui permettant de s'équilibrer en l'air. **Au dernier moment, il arque le dos et tend les pattes vers le sol, ce qui l'aide à réduire la force de l'impact.**

Mais le réflexe de retournement ne garantit pas l'absence de blessures. L'étude de chats qui avaient survécu à des chutes de grande hauteur depuis des appartements à New York a montré qu'ils avaient des os cassés. Pourtant, paradoxalement, plus un chat tombe de haut, moins il risque d'être blessé ou tué. C'est parce que la position «en éventail» que le chat adopte durant sa chute freine sa descente: il devient de fait son propre parachute. Mais il faut qu'il tombe de six ou sept étages pour pouvoir se détendre dans cette position.

✳ **LES CHATS sont très doués pour grimper. Quand ils tombent, leurs réflexes leur permettent généralement de se retourner pour se recevoir sur leurs pattes.**

✳ **UNE COLONNE VERTÉBRALE extrêmement souple permet au chat de redresser son corps dans les airs et de tomber les pattes les premières.**

POURQUOI MON CHAT NE CESSE-T-IL DE SE RAMASSER SUR LUI-MÊME ET DE MIAULER COMME S'IL AVAIT MAL ?

Q

« Ma chatte siamoise a cinq mois, et je me fais du souci pour elle. Elle ne cesse d'émettre une sorte de cri terrible, comme si elle avait affreusement mal. Elle se roule sur le sol et s'accroupit sur ses pattes de devant en relevant le derrière. J'ai aussi remarqué qu'elle devient très collante et qu'elle ne cesse de vouloir se frotter à moi. Elle faisait la même chose il y a deux semaines, et j'étais sur le point de l'emmener chez le vétérinaire quand elle a eu l'air d'aller mieux. Je n'ai jamais eu de chat auparavant et je ne sais que faire. »

R

Les vétérinaires reçoivent de nombreux appels de propriétaires de chattes convaincus que leur petite compagne a terriblement mal car elle se comporte d'une manière bizarre et perturbante. Mais il y a une explication très simple à cela : votre chatte est en chaleur.

Son comportement est uniquement destiné à faire savoir à tous les matous des environs qu'elle est fertile. Son cri, qui peut être particulièrement perçant – surtout chez les Siamoises, qui ont déjà tendance à être bruyantes –, est la manière la plus efficace de véhiculer le message à tous ses partenaires potentiels. Elle prend naturellement la position de l'accouplement, avec le derrière en l'air, et quelquefois en mettant sa queue sur le côté. De nombreux propriétaires trouvent que leur chatte est inhabituellement affectueuse quand elle est en période d'« œstrus » (le terme scientifique pour « chaleurs »). Se rouler par terre et se frotter partout, c'est sa manière de répandre son odeur aussi largement que possible, une façon de dire qu'elle est prête à s'accoupler.

Les chats atteignent la puberté entre quatre et dix mois. La moyenne est de six mois, mais les chats siamois se reproduisent souvent plus tôt. De manière générale, une chatte est en chaleur durant les mois d'été, quand les jours sont plus longs. Elle reste en chaleur pendant cinq à sept jours, puis recommence toutes les trois ou quatre semaines jusqu'à la fin de l'été ou jusqu'à ce qu'elle soit grosse. Si vous ne voulez pas que votre chatte fasse de petits, alors il faudra la faire opérer quand elle aura six mois. Dans l'intervalle, ne la laissez pas approcher des mâles quand elle manifestera les symptômes de l'œstrus.

* **UNE CHATTE** qui est prête à s'accoupler pose la moitié supérieure de son corps sur le sol et soulève la moitié inférieure.

* **SE ROULER PAR TERRE** et se montrer inhabituellement affectueuse sont les signes que votre chatte est en chaleur.

AUTRES ESPÈCES

La plupart des mammifères femelles sont en chaleur par périodes. C'est seulement durant l'œstrus qu'elles peuvent s'accoupler et devenir grosses. Chez les chiennes, par exemple, l'œstrus se produit tous les six à huit mois et dure de deux à quatre semaines. Les êtres humains ont ceci de remarquable que les mâles aussi bien que les femelles sont prêts à s'accoupler à tout moment, sans rapport avec leur cycle reproductif.

POURQUOI MON CHAT NE MIAULE-T-IL JAMAIS ?

« J'ai une chatte de trois ans remarquablement calme. Je l'ai prise dans un refuge quand elle avait un an, et je ne l'ai jamais entendue miauler une seule fois. Elle a été déposée dans ce refuge quand ses maîtres ont déménagé à l'étranger, et, pour autant que je sache, il n'y a rien de terrible dans son passé qui ait pu la rendre muette. Dans tous les autres domaines, elle réagit tout à fait normalement. Par exemple, elle est très heureuse de se coucher sur mes genoux quand je la caresse. Parfois, elle lève la tête pour me regarder et ouvre la gueule comme pour miauler, mais aucun son n'en sort. Comment cela se fait-il ? »

Il n'est pas du tout rare ni anormal qu'un chat soit muet. De nombreux chats passent leur vie sans ressentir le besoin de miauler. Cela ne signifie pas qu'ils soient malades ni, comme vous le pensiez, qu'ils aient souffert d'un traumatisme. On pourrait même dire qu'il est plus normal pour un chat adulte d'être silencieux que le contraire, car les espèces félines sauvages ne miaulent généralement pas.

Les chats domestiques miaulent pour attirer l'attention. C'est un comportement qui vient de leur enfance. Un chaton éloigné de sa mère laisse souvent échapper une série de miaulements désespérés afin d'aider celle-ci à le localiser. Vous verrez aussi qu'un jeune chaton miaule quand on le prend et ne se calme que quand il retourne à sa mère. Les chats d'appartement ont tendance à garder leur comportement infantile, car on les nourrit, on prend soin d'eux tout au long de leur vie, et ils n'ont jamais à pourvoir à leurs propres besoins. On pourrait donc dire qu'ils miaulent tout simplement parce qu'ils ne se sont jamais débarrassés de cette habitude.

D'un autre côté, certains chats sont plus bavards que d'autres. C'est une question de race et de personnalité. Les chats siamois et les races dérivées des Siamois miaulent d'une manière persistante et distincte qui va de pair avec leur nature très exigeante. Les Bleus russes, par contre, sont doux et timides, et ne miaulent que très rarement.

✳ **LES CHATS SILENCIEUX** ouvrent parfois la gueule comme pour émettre un miaulement, mais ils ronronnent et sifflent comme les autres chats dans d'autres circonstances.

✳ **VOTRE CHAT** a d'autres manières de communiquer et de vous faire connaître ses désirs.

AUTRES ESPÈCES

L'espèce la plus bavarde du royaume animal est sans doute le singe hurleur, natif de l'Amérique centrale. Chaque jour à l'aube, des bandes de ces singes rébarbatifs se mettent à hurler d'une voix éraillée, en un concert assourdissant que l'on peut facilement percevoir à des kilomètres à la ronde. Ils agissent ainsi pour délimiter et surveiller leur territoire.

POURQUOI MON CHAT BOUGE-T-IL LES OREILLES SI SOUVENT ?

Q

« Pourquoi les oreilles des chats sont-elles tellement mobiles ? La plupart du temps, les oreilles de mon chat sont droites et légèrement tournées vers l'extérieur, mais quand il est vraiment intéressé par quelque chose, elles se dressent. Et une fois ou deux, je l'ai vu les aplatir complètement. Je pense que c'est parce qu'il était effrayé par un autre chat qui rôdait dans les parages. Les chats possèdent-ils un langage spécial des oreilles ? »

R

Comme vous le soupçonnez avec raison, les oreilles d'un chat font partie de sa palette d'outils de communication. Nous, les humains, sommes plutôt obtus quand il s'agit de comprendre les subtilités du langage corporel des chats. S'intéresser à ce langage corporel et notamment au rôle des oreilles est une bonne manière de comprendre un peu mieux les félins. **Les oreilles d'un chat sont effectivement très souples : elles peuvent se dresser, s'aplatir et pivoter à 180 degrés.** Dans leur position habituelle, elles sont pointées vers l'avant et légèrement tournées vers l'extérieur. Elles indiquent ainsi que le chat est détendu et qu'il écoute les bruits autour de lui. Elles se dressent quand il repère un bruit intéressant, et il les fait pivoter dans la direction de ce bruit. Les pointes commenceront à frémir si le chat est nerveux.

Dans une situation de conflit, jetez un coup d'œil aux oreilles des chats impliqués, elles vous diront qui est l'agresseur. Un chat effrayé aplatit ses oreilles sur son crâne. C'est un mécanisme de défense destiné à les protéger des blessures pendant la bagarre. Par contre, un chat agressif fait pivoter ses oreilles de côté, afin que l'arrière en soit bien visible. C'est le signe qu'il est prêt à attaquer, mais cette position lui permet aussi de les aplatir rapidement s'il ne peut intimider son adversaire suffisamment et qu'une bagarre s'ensuit. Certaines espèces de chats de grande taille ont des marques au dos des oreilles qui leur servent à rendre ces signaux plus évidents.

* **LES CHATS** dressent les oreilles pour écouter attentivement et en font pivoter une (ou font pivoter les deux) en direction du bruit qui les intéresse.

* **LE SCOTTISH FOLD** a les oreilles toujours repliées, ce qui lui donne un air doux et sans défense.

POURQUOI MON CHAT
SAIT-IL OUVRIR
LES PORTES ?

Q

« Mon dernier chat, un Tonkinois, a appris à ouvrir la porte du réfrigérateur avec sa patte et il ouvre aussi les portes en sautant sur la poignée. Je ne l'ai pas entraîné à faire cela, donc il l'a appris de lui-même. Est-ce un signe d'intelligence ? »

R

L'intelligence animale est un champ d'investigation scientifique particulièrement fécond. Par le passé, les chats étaient considérés comme moins intelligents que les chiens parce qu'ils n'obtenaient pas de bons résultats aux tests et n'étaient capables que de quelques « tours ». En réalité, on les jugeait dépourvus d'intelligence parce qu'ils ne faisaient pas ce qu'on leur demandait de faire. Aujourd'hui, on définit l'intelligence autrement : il s'agit de la capacité de l'animal à résoudre des problèmes en rapport avec son bien-être ou ses buts. Cette approche récente de l'intelligence animale a permis aux psychologues de démontrer ce que les propriétaires de chats savent depuis toujours : les chats ont leur propre intelligence.

Le fait que votre chat puisse réaliser un acte apparemment non naturel, comme ouvrir une porte, est le signe qu'il peut penser de manière plus ou moins rationnelle. C'est sans conteste une forme d'intelligence. Les chats se représentent les choses en essayant diverses possibilités jusqu'à ce qu'ils trouvent la solution, et c'est comme cela que votre chat a appris à ouvrir les portes. Les chats ont aussi une bonne mémoire à long terme (bien meilleure que celle des chiens), ce qui les aide à résoudre de nouveaux problèmes, comme trouver un accès à une fenêtre placée en hauteur.

La curiosité du chat et son désir de stimulation peuvent être utilisés pour le dressage. De nombreux chats peuvent apprendre à aller chercher une balle ou à marcher en laisse, par exemple. Mais les chats s'ennuient facilement; aussi les séances d'entraînement doivent rester courtes. De même, ils n'apprennent qu'avec quelqu'un en qui ils ont confiance, et c'est une autre des raisons qui font qu'ils ne réussissent pas bien les tests de laboratoire. Certaines races semblent être plus intelligentes que d'autres. C'est le cas des Tonkinois, des Siamois et des Devon Rex.

* **CERTAINS CHATS** ne cessent d'ouvrir la porte du réfrigérateur. Ils se servent même en nourriture sur les étagères.

* **LES CHATS** siamois et du Bengale sont deux races de chats qui aiment transporter des objets dans leur gueule. C'est pourquoi il est relativement facile de les entraîner à jouer à « aller chercher ».

AUTRES ESPÈCES

Les dauphins sont sans doute les créatures les plus intelligentes du règne animal. En liberté, ils semblent aussi avoir un besoin de créativité. Ils soufflent des cercles de bulles, puis regardent, apparemment en admiration, leurs «œuvres d'art» monter à la surface. On a observé des dauphins qui se servaient d'«outils»: ils déchiraient des morceaux d'éponge de mer et s'en servaient pour se protéger le nez pendant qu'ils foraient des fonds sous-marins abrasifs à la recherche de nourriture.

POURQUOI MON CHAT RONRONNE-T-IL PARFOIS QUAND IL N'EST PAS CONTENT ?

Q

« Une chose que je croyais savoir à propos des chats, c'est qu'ils ronronnaient quand ils étaient contents. Mon adorable chatte ne manque pas de ronronner comme un moteur quand je la caresse. Mais l'autre jour, elle a eu une peur bleue quand des ouvriers se sont servis d'un marteau-piqueur près d'un buisson où elle faisait la sieste. Elle s'est enfuie pour se cacher sous le lit, puis, curieusement, elle s'est mise à ronronner. Elle était visiblement perturbée, car je n'ai pas pu la faire sortir pendant plus d'une heure. Alors pourquoi ronronnait-elle ? »

R

Vous venez de soulever une question qui laisse les scientifiques perplexes depuis des années. Pourquoi les chats ronronnent-ils ? Ils le font généralement quand on les caresse ou qu'on les nourrit, donc le ronronnement est visiblement une marque de contentement dans certains cas. Les chats apprennent à ronronner à l'âge d'une semaine afin de faire savoir à leur mère que tout va bien. Elle ronronne à son tour pour qu'ils sachent qu'elle est détendue et à l'écoute. Le ronronnement est donc une forme de communication, enracinée dans la relation entre la mère chat et son chaton, et c'est l'un des signes qui vous dit que votre chat vous considère comme son parent.

On sait que les chats ronronnent aussi quand ils sont angoissés. Par exemple, certains chats ronronnent quand on les emmène chez le vétérinaire, les mères chats ronronnent quand elles mettent bas, et la plupart des chats ronronnent quand ils sont gravement blessés, y compris dans les moments qui précèdent leur mort. L'explication de ce paradoxe réside peut-être dans le fait que le ronronnement a un effet apaisant sur le chat. En l'absence d'un autre chat (sa mère), il commence à ronronner pour se rassurer.

Mais certains scientifiques pensent qu'il pourrait y avoir une autre explication. Les chats ronronnent selon un modèle de fréquence constante de 25 à 150 hertz. Ce niveau de fréquence sonore est supposé améliorer la densité osseuse et faciliter l'autoguérison. Un chat blessé ronronne donc peut-être pour se soigner lui-même – un signe que le chat est en tous points un animal remarquable.

* **LES CHATS BLESSÉS** ronronnent souvent. C'est peut-être une manière pour eux de se calmer, mais certains scientifiques pensent que l'acte même de ronronner peut hâter leur guérison.

* **LES MÈRES CHATS** ronronnent quand elles allaitent pour faire comprendre à leurs chatons que tout va bien. Elles ronronnent aussi quand elles sont en travail.

3

VOTRE CHAT
ET VOUS

✳ L'être humain et le chat ont une relation
symbiotique, en ce sens qu'elle leur
apporte des bénéfices mutuels, encore
que différents. Les chats sont pour leur
maîtres une compagnie irremplaçable et
une grande source de réconfort, tandis que
les êtres humains offrent à leurs chats une
existence insouciante, dépourvue des
périls et des vicissitudes de la vie dans la
nature. Ce chapitre s'intéresse à la relation
entre les êtres humains et les chats,
et à la manière d'établir un lien fait
d'affection et de respect avec ces créatures
particulièrement indépendantes. Les
différentes questions étudiées vous
aideront à comprendre ce que fait votre
chat quand il rapporte une souris morte
à la maison ou pourquoi il vous mord
subitement quand vous le caressez. Vous
serez peut-être surpris de constater le
degré d'intelligence et d'adaptabilité dont
peut faire preuve un chat, et vous
comprendrez que, bien souvent, c'est le
chat qui dresse l'humain et non l'inverse.

POURQUOI MON CHAT S'EN PREND-IL À MOI QUAND JE VEUX LE RASSURER ?

Q

« Ma chatte a toujours été douce et affectueuse, mais l'autre jour elle m'a sauté dessus. Elle regardait par la fenêtre quand un chien a bondi par-dessus la clôture de notre jardin. Elle a fait le gros dos, a gonflé sa fourrure et a sifflé. Je me suis donc approché pour la calmer. J'ai posé ce que je pensais être une main rassurante sur son dos, mais à ma grande horreur elle s'est jetée sur moi toutes griffes dehors. Cela a été une expérience traumatisante pour moi. Pourquoi m'a-t-elle blessé alors que je ne voulais que l'aider ? »

R

Ce que vous décrivez est un exemple parfait de la manière dont un être humain bien intentionné peut se tromper complètement sur les besoins de son chat, en interprétant à rebours les signaux qu'il envoie. Dans cette situation, votre chatte avait tout l'air d'être effrayée et acculée. Vous avez compris qu'elle avait peur et vous avez essayé de la rassurer, de même que vous le feriez avec un enfant dans des circonstances similaires. Mais votre chatte n'est pas un enfant ; dans une situation dangereuse, elle redevient un animal sauvage. Quand vous l'avez touchée, elle a reporté toute sa peur et son agressivité sur vous. À cet instant, son instinct le plus profond lui a commandé de se jeter sur la cible la plus proche – la source probable de la menace.

Ce genre d'«agressivité déplacée», comme on la nomme, est très courant. C'est la raison pour laquelle on doit approcher avec prudence un chat effrayé ou agressif. L'objet de l'agression n'est pas forcément son maître; ce peut être un autre chat, ou un animal, ou un passant, ou encore un enfant. Quelquefois le chat continue de se montrer agressif alors même que le danger est passé, et la personne ou l'animal qui a fait l'objet de son agression se confond inextricablement dans son esprit avec la notion de danger ou de douleur. Dans certains cas extrêmes, les relations amicales ne peuvent plus être rétablies, et le chat doit être relogé ailleurs. Heureusement, cela ne semble pas avoir été le cas pour votre chatte et vous.

✱ QUAND UN CHAT est très effrayé ou sur le point de passer à l'attaque, il peut interpréter un geste amical comme une menace et se jeter sur celui ou celle qui lui vient en aide.

✱ LES CHATS se trompent facilement sur la cause de leur douleur. Si un humain leur marche accidentellement sur la queue, ils peuvent très bien attaquer un autre chat qui se trouve près d'eux.

POURQUOI MON CHAT BOUDE-T-IL QUAND JE LE GRONDE ?

Q

« Mon chat se montre parfois vraiment grognon. La plupart du temps, il est très amical et affectueux, mais quand je le dispute, il se met à bouder. Il me tourne le dos et ne répond pas si je l'appelle. Je sais qu'il m'entend, car il aplatit ses oreilles en arrière. Essaie-t-il de se venger, ou bien a-t-il vraiment besoin de temps pour surmonter sa mauvaise humeur ? »

R

De nombreux maîtres reconnaîtront leur compagnon dans la description de votre chat « boudeur ». Mais la manière dont vous analysez son langage corporel est erronée. Vous supposez que votre chat se comporte comme un adolescent maussade et vous interprétez ses actes en fonction de cela. Après tout, quand une personne ne nous répond pas, c'est souvent une manière détournée de nous faire savoir qu'elle est fâchée. Pourtant, quand un chat évite le contact visuel, il vous adresse un message très différent.

Vous devez comprendre le rôle que joue le regard dans le monde félin. **Pour un chat, un regard direct et sans cillement signifie le défi ou l'intimidation.** Et si un autre chat répond à ce regard hostile de la même manière, une bagarre peut s'ensuivre. À l'opposé, baisser le regard et regarder au loin signalent la soumission. En évitant soigneusement le contact visuel, un chat peut donc rester là où il est, plutôt que d'avoir à battre en retraite ou à se bagarrer.

Quand vous réprimandez votre chat, vous le fixez certainement des yeux. Vous êtes beaucoup plus grande que lui, et il se retire donc de cette situation inamicale en se détournant de vous. En faisant cela, il admet effectivement que vous êtes la plus forte, il accepte votre remontrance et vous montre qu'il ne souhaite pas vous défier. Pour le traduire en termes humains, son comportement est plus proche des excuses que de la bouderie. Après un moment, votre chat se détend et commence à ronronner; il est prêt à rétablir des relations amicales avec vous.

✳ **LES CHATS** tournent souvent le dos à leur maître après une réprimande ; c'est leur manière de montrer qu'ils acceptent la remontrance.

✳ **QUAND UN CHAT** détourne le regard, il accepte la domination de son rival, dont le regard soutenu signifie la supériorité.

POURQUOI MON CHAT SOULÈVE-T-IL LE DERRIÈRE QUAND JE LE CARESSE ?

Q

« J'adore les chats, mais il y a un aspect de leur comportement qui m'a toujours laissée perplexe et, pour être honnête, qui me dégoûte. Pourquoi ne cessent-ils de soulever leur derrière juste devant votre figure quand vous les caressez ? Il est presque impossible de faire coucher un chat sur ses genoux sans qu'il fasse cela, et je trouve ce comportement repoussant. Quelle en est l'explication ? »

R

Il s'agit d'un cas classique d'un conflit de communication inter-espèces. En tant qu'humain, vous trouvez la vue du derrière de votre chat plutôt détestable, et il vous semble que votre compagnon vous marque du mépris. Mais en termes félins, ce que l'on vous offre est une marque d'affection très claire. Davantage que cela, **votre chat, en vous montrant son derrière, vous signifie qu'il vous a adoptée comme figure maternelle.**

Les chats aiment être caressés parce que cela leur rappelle l'attention dont ils bénéficiaient de la part de la mère quand ils étaient des chatons. Dès les premiers jours de leur vie, la mère chat passe sa langue râpeuse sur leur pelage. Elle leur lèche aussi l'anus pour faciliter l'évacuation des fèces. Quand votre caressez votre chat, cette sensation lui rappelle celle de la langue de sa mère. Le fait que vous le nourrissiez, lui montriez de l'affection et le caressiez l'amène à penser qu'il est votre chaton. Il est donc normal pour lui de répondre à vos caresses comme il le faisait au contact de sa mère – dans ce cas, en vous montrant son anus. Vous avez sans doute remarqué qu'il tient la queue raide et toute droite ; cette posture instinctive s'est développée chez les chats afin de donner une vue absolument claire de leur postérieur.

Il s'agit d'un comportement naturel, ce qui signifie que vous ne pouvez pas y faire grand-chose. Mais en comprendre les raisons vous aidera peut-être à l'accepter plus facilement.

✻ QUAND VOUS CARESSEZ votre chat, il lève la queue pour exposer son derrière. Cette réaction déconcertante est en fait une marque d'affection.

✻ MONTRER SON DERRIÈRE est une survivance de l'époque où le chat était un chaton. Quand un chat adulte le fait, c'est parce qu'il considère son maître ou sa maîtresse comme sa mère.

POURQUOI MON CHAT PASSE-T-IL TANT DE TEMPS LOIN DE MOI ?

Q

« Mon chat passe de moins en moins de temps avec moi. Il sort quand je suis à la maison et je le vois à peine pendant la soirée. Ce n'était pas le cas quand je travaillais à la maison, mais maintenant j'ai un emploi de bureau : je m'en vais tôt le matin et je rentre tard le soir. Je pensais que mon chat serait encore plus heureux de me voir de retour, mais il remarque à peine ma présence. Quelquefois il saute ses repas, et une ou deux fois il est resté dehors pendant deux jours d'affilée. Pourquoi ne veut-il plus passer de temps avec moi ? »

R

Les chats sont des animaux indépendants, mais ils entretiennent des liens d'affection avec leurs compagnons humains. Ce sont aussi des êtres d'habitudes, et ils n'aiment pas les changements intervenant dans leur routine. Votre chat ne sait pas que vous devez travailler ; tout ce qu'il comprend, c'est que sa compagne naguère attentive n'est plus disponible pour lui. On peut dire qu'il se sent abandonné. Il y a d'innombrables histoires d'animaux refusant de manger après le décès de leur maître, et beaucoup de gens rapportent que leurs chats se montrent soit très distants, soit tout à fait collants à leur retour de vacances.

Il est donc clair que les chats sont affectés par les allées et venues de leurs compagnons humains.

Le fait que les absences de votre chat se produisent parfois aux heures de repas est significatif. Aucun chat ne saute un repas délibérément, et il est probable que votre matou soit nourri par quelqu'un d'autre. Ce voisin bien intentionné prodigue sans doute aussi de l'affection à votre chat et lui permet de passer de plus en plus de temps chez lui, peut-être même la nuit. Il est possible qu'il croie que votre protégé est un chat de gouttière ou un chat maltraité.

Parlez donc à vos voisins pour voir si quelqu'un le nourrit et, le cas échéant, demandez au voisin trop charitable d'arrêter. Ensuite, établissez des repas à heures fixes pour votre matou, cela l'aidera à considérer votre maison comme son chez-lui. Donnez-lui à manger ce qu'il aime, et achetez une mangeoire automatique qui lui fournira son repas quand vous ne pouvez pas être à la maison à l'heure. Soyez disponible pour lui quand vous êtes chez vous, et investissez dans quelques jouets ou accessoires, comme un arbre à chat, afin de le tenter. Si vous lui permettez d'aller dehors, gardez-le quand même à la maison la nuit pour des raisons de sécurité.

* **SI UN CHAT** passe beaucoup de temps hors de chez lui, il est probable que quelqu'un d'autre l'ait adopté de manière officieuse.

* **QUAND UN CHAT** commence à aller et venir, il y a de bonnes chances pour qu'il s'absente pendant de longues périodes.

POURQUOI MON CHAT RÉPOND-IL QUAND JE LUI PARLE ?

Q

« Ma chatte me "parle" sans aucun doute possible. Quand je rentre à la maison après le travail, je la salue, et elle laisse échapper un petit miaulement en réponse. Je lui demande comment s'est passée sa journée, et elle répond à chacune de mes questions. Elle poursuit la conversation jusqu'à ce que je cesse de l'interroger. Je suis certaine qu'elle comprend chaque mot que je dis, mais mon ami dit que c'est impossible. Qui a raison ? »

R

De nombreux maîtres soutiennent mordicus que leur chat les comprend, et certains vont même jusqu'à dire qu'il peut effectivement prononcer quelques mots. Mais il y a un monde entre la communication et le discours.

Les chats communiquent tout le temps, aussi bien avec les autres chats qu'avec les humains. Ils se servent du langage corporel, d'expressions faciales, d'odeurs et, dans une certaine mesure, de bruits. Les chats domestiques se servent de bruits avec les humains davantage qu'avec les autres chats, car ils ont appris que c'est une manière d'obtenir ce qu'ils veulent. Dans un sens, les chats se sont adaptés de manière très intelligente à notre mode de communication préféré, quand nous-mêmes échouons si souvent à comprendre le leur. En 1944, une chercheuse du nom de Mildred Moelk a identifié 16 sons dont les chats se servent, chacun d'eux, disait-elle, ayant une signification différente. Les spécialistes du comportement du chat ainsi que de nombreux maîtres affirment aussi que les chats se servent de sons différents selon qu'ils veulent exprimer «j'ai faim» ou «je veux sortir». Tous ces sons se sont développés à partir de l'appel à l'aide du chaton qui a besoin de sa mère.

Il est donc certainement vrai que votre chatte verbalise ses besoins. Il est clair que les chats répondent quand on leur parle, de la manière dont vous le décrivez. Il est aussi vrai que les chats qui ont une maîtresse plutôt qu'un maître vocalisent beaucoup plus. C'est parce que les femmes ont tendance à leur parler davantage. Mais je crains que votre chatte ne soit pas en train de vous dire ce qu'elle a fait pendant que vous étiez partie. Elle apprécie simplement le rituel que vous avez développé ensemble au sein de cette relation spéciale.

✱ LES CHATS DOMESTIQUES miaulent en réponse à une question parce qu'ils ont appris qu'en réagissant vocalement ils obtiendront à leur tour une réaction de leur maître.

✱ L'ATTENTION avec laquelle votre chat vous écoute est une des choses qui en font un compagnon si délicieux.

AUTRES ESPÈCES

On n'a jamais pu démontrer qu'un animal avait la maîtrise du langage. Même les cas célèbres de chimpanzés en captivité se servant du langage des signes ne sont pas vraiment concluants. Un chien obéit aux ordres verbaux, mais ce n'est pas la même chose que de comprendre un discours. Et le langage cohérent des perroquets dressés est une illusion, car ces oiseaux ne parviennent pas à se servir de mots appris pour produire des phrases originales.

POURQUOI MON CHAT
PASSE-T-IL TANT DE TEMPS
À SE TOILETTER QUAND
IL EST DÉJÀ SI PROPRE ?

«Ma chatte passe des heures chaque jour à faire sa toilette. Elle est déjà visiblement propre, alors pourquoi fait-elle cela? Mon chat précédent, un mâle, passait beaucoup moins de temps à s'occuper de sa fourrure. Je me demande s'il existe une différence entre les sexes dans ce domaine. De plus, ma chatte semble toujours suivre la même séquence de lavage. Elle se nettoie la face, puis progresse vers le bas de son corps pour finir par la queue. Les chats font-ils tous leur toilette de cette manière systématique? »

R

Les chats sont reconnus pour être obsédés par la propreté, mais le temps qu'ils dédient à la toilette varie d'un chat à l'autre. Il est tout à fait normal qu'un chat en santé passe environ un tiers de son temps de veille à se nettoyer. Certains aiment davantage faire leur toilette que d'autres, mais cette disparité n'a rien à voir avec le sexe. Un chat mâle est susceptible d'y passer autant de temps qu'une femelle.

La langue d'un chat est couverte de poils piquants qui agissent comme les dents d'un peigne. Les chats sont remarquablement souples, et ils peuvent se contorsionner pour atteindre le milieu de leur colonne vertébrale. Ils se servent des côtés de leurs pattes pour nettoyer les zones difficiles à atteindre, comme l'arrière des oreilles. Et,

AUTRES ESPÈCES

De nombreux animaux font leur toilette, y compris certains insectes. Les fourmis s'enduisent d'un antibiotique sécrété par leurs corps, surtout pour empêcher les bactéries d'envahir le nid. Chez les abeilles, il y a des travailleuses dont la fonction est de nettoyer la reine puis de répandre son odeur parmi la colonie : une sorte de message parfumé annonçant que tout va bien dans la ruche.

comme vous l'avez remarqué, ils font souvent leur toilette dans un ordre défini. Cette approche systématique les aide à s'assurer de la propreté de chacune des parties de leur corps.

La toilette a d'autres fonctions que de débarrasser le pelage des débris et des poils morts. Vous avez sûrement observé que votre chatte ne se contente pas de lécher son poil ; elle s'arrête de temps en temps et tire dessus. De cette manière, elle stimule des glandes qui libèrent une substance huileuse à même d'imperméabiliser sa fourrure. La toilette joue aussi un rôle dans le contrôle de la température. Une fourrure bien léchée est un meilleur isolant contre le froid ; à la belle saison, la salive qui couvre la fourrure du chat refroidit son corps à mesure qu'elle s'évapore. Les chats en ont besoin, car ils n'ont que peu de glandes sudoripares.

✳ LA LANGUE d'un chat est son principal ustensile de toilette, mais il se sert aussi de ses pattes pour les parties de son corps qu'il ne peut atteindre avec sa langue.

✳ LES CHATS font généralement leur toilette en commençant par la tête et en finissant par le bout de la queue.

POURQUOI MON CHAT SE PLANTE-T-IL TOUJOURS SUR MON JOURNAL QUAND JE VEUX LIRE ?

Q

« Ma chatte tente toujours de s'interposer entre les objets que j'utilise et moi. Elle adore s'asseoir sur le journal quand j'essaie de le lire. Elle semble aussi vouloir m'empêcher de me servir de mon ordinateur ; quelquefois elle s'assoit directement sur le clavier pour que je ne puisse pas taper. J'ai aussi remarqué que quand je suis au téléphone, elle saute sur mes genoux et pousse ma tête de la sienne comme pour l'éloigner du récepteur. Pourquoi fait-elle cela ? Je travaille à la maison et j'adore sa compagnie, mais quelquefois la seule solution est de la mettre à la porte de mon bureau. »

R

Les chats semblent avoir un instinct infaillible pour faire sentir leur présence. Parfois on dirait qu'ils essaient d'empêcher leur maître de faire ce qui les détourne d'eux. Mais ce n'est pas le cas. Votre chatte n'est pas jalouse de votre journal, comme vous pourriez le croire, et n'essaie pas de vous irriter. Le *Felis catus*, contrairement à l'*Homo sapiens*, ne prend aucun plaisir à agacer les autres créatures.

Mais il est vrai que votre chatte remarque quand vous vous concentrez sur quelque chose d'autre qu'elle. Quand elle saute sur votre journal, ce n'est pas pour vous empêcher de lire, mais pour capter votre attention. Si vous faites une pause pour la caresser ou pour jouer avec elle, elle s'éloignera probablement au bout d'un moment. Plus prosaïquement, les chats sont aussi attirés par les endroits chauds et

confortables : la surface sèche et épaisse de votre journal, de même que la chaleur dégagée par votre clavier d'ordinateur en font de bons endroits pour se coucher ou s'asseoir.

Votre chatte ne sait pas comment marche un téléphone. Aussi, quand elle vous écarte du récepteur, ce n'est pas pour vous empêcher de bavarder. En fait, elle entend votre voix et suppose que vous êtes en train de lui parler ; tout à fait logiquement, du point de vue d'un chat, elle s'approche pour vous faire la fête en retour. Certains maîtres racontent que leur chat se montre plus enclin à interrompre la conversation qu'ils ont avec un ami plutôt que celle qu'ils ont avec une relation de travail. C'est absolument normal, car la voix est plus douce et plus invitante quand on parle à quelqu'un que l'on aime plutôt qu'à une simple connaissance.

＊QUAND VOTRE CHAT saute sur votre journal, il essaie de capter votre attention plutôt que de vous empêcher de lire.

＊VOTRE CHAT réagit à votre voix et saute sur vos genoux pour vous quémander des caresses si vous êtes au téléphone.

POURQUOI MON CHAT SE FROTTE-T-IL CONTRE MES JAMBES ?

Q

« Quand je rentre du travail, mon chat se précipite pour m'accueillir. Il presse sa tête contre mes jambes et contre ma main quand je me baisse pour le caresser. Il fait ça pendant un bon moment, puis il pousse avec force le côté de sa gueule ou le sommet de sa tête contre toute partie de mon corps qu'il peut atteindre. Il frotte aussi tout son flanc contre ma jambe et enroule sa queue autour. Ce comportement est-il seulement une version féline d'une embrassade affectueuse ou y a-t-il une autre explication ? »

R

La plupart des propriétaires de chats apprécient l'accueil affectueux que leur réservent leurs compagnons félins quand ils rentrent à la maison. Ce comportement est souvent cité à l'appui du fait que le chat, animal distant et indépendant, est aussi loyal et aimant. Mais comme souvent avec le comportement du chat, ce n'est pas aussi simple que cela.

Les chats ont des glandes spéciales produisant des phéromones de chaque côté de la gueule et sur les tempes, ainsi qu'à la base de la queue. Quand votre chat frotte sa tête et sa queue contre vous, il vous marque de son odeur. Il prélève aussi votre odeur quand il frotte son flanc sur votre jambe pour vous saluer. Les chats ont un nez particulièrement sensible, et il est important pour eux que leurs compagnons aient une odeur familière. C'est donc un rituel réservé aux membres de la maisonnée ainsi qu'aux chats amis.

Quand les chats se saluent, ils frottent leurs têtes l'une contre l'autre. Vous êtes trop grand pour que votre chat puisse atteindre votre visage, et il se frotte donc contre vos jambes. Mais parce que son instinct de chat lui ordonne de frotter sa tête, vous le verrez parfois se mettre debout sur ses pattes arrière quand il vous voit, en une tentative pour s'approcher de votre visage. Certains chats sautent sur un meuble en hauteur pour pouvoir frotter leur joue contre la vôtre.

Si vous observez votre chat juste après qu'il vous a salué, vous remarquerez qu'il s'assoit pour faire sa toilette. En réalité, il goûte l'odeur qu'il vient juste de prélever sur vous.

✳ SE FROTTER contre vous permet à votre chat de laisser son odeur sur vous. Les chats ont des glandes odoriférès sur la face, au sommet de la tête et à la base de leur queue.

✳ LES CHATS veulent frotter leur tête contre la vôtre, car c'est ce qu'ils font avec les autres chats. Quand ils sautent en vous saluant, c'est qu'ils essaient d'atteindre votre visage.

POURQUOI MON CHAT SAIT-IL QUE JE SUIS SUR LE POINT D'ARRIVER À LA MAISON ?

Q

« Je suis convaincue que mon chat est extralucide. Mon mari dit que je suis ridicule. Le fait est que mon chat sait toujours quand je suis sur le chemin du retour. Quelle que soit l'heure à laquelle je rentre – et cela change tous les jours –, il est assis dans le hall d'entrée à m'attendre. Est-il possible qu'il ait une sorte de perception extrasensorielle ? »

R

De nombreux propriétaires de chats croient, comme vous, que leur animal peut sentir quand ils arrivent. Pourtant, ce comportement apparemment extralucide a une explication simple. Dans votre cas, vous retournez à la maison à une heure différente chaque jour, mais si vous êtes en voiture, votre chat reconnaît sans doute le bruit de votre moteur depuis une grande distance (au moins depuis plus loin qu'un humain ne le pourrait), le son de la porte de garage qui s'ouvre ou de vos pas dans l'allée. Et il est donc là pour vous saluer.

D'autres histoires s'expliquent de la même manière. Par exemple, on raconte qu'un chat qui vivait dans une maison de retraite de Rhode Island pouvait prédire quand les patients allaient mourir. Ce chat – Oscar – se blottissait souvent près d'un patient qui allait mourir dans les heures suivantes. Il a fait cela si souvent (au moins 25 fois) que le personnel annonçait aux familles des patients qu'ils étaient proches de la fin quand Oscar commençait à s'intéresser à eux.

AUTRES ESPÈCES

De nombreux animaux ont des capacités sensorielles qui, du point de vue des humains, sont quasi surnaturelles. Les chauves-souris naviguent dans l'obscurité totale en se servant d'un «radar». Elles poussent de petits cris très aigus qui, en se répercutant sur les objets, leur servent à construire une carte mentale du terrain. De nombreux invertébrés voient la lumière ultraviolette, une partie du spectre électromagnétique totalement invisible à l'œil humain. Et les serpents détectent les prédateurs et les proies en sentant les vibrations de leurs pas.

Bien qu'Oscar ait fait les gros titres en tant que chat extralucide, la plupart des spécialistes s'accordent pour dire qu'il y a une explication biochimique à ce comportement. Une personne mourante émet une odeur particulière, inaperçue des êtres humains, mais que les organes olfactifs hypersensibles du chat ne manquent pas de détecter. Quelque chose dans cette odeur attirait Oscar vers les patients mourants. Ce n'était pas un pouvoir surnaturel, mais un pouvoir félin tout à fait naturel.

✳ LES CHATS possèdent leur propre manière d'obtenir des informations. Leur ouïe, leur vue et leur flair sont très différents des nôtres.

✳ S'ILS SENTENT parfois que leur maître arrive, ce n'est pas à cause de perceptions extrasensorielles, mais parce qu'ils connaissent leur routine quotidienne.

POURQUOI MON CHAT LAISSE-T-IL DES MORCEAUX DE SOURIS MORTES SUR MON CHEMIN ?

Q

« Ma chatte est très douée pour la chasse, et je l'ai vue liquider des oiseaux et de petits animaux avec une grande efficacité (une seule fois je me suis débrouillé pour sauver une malheureuse souris). Je trouve cela difficile à supporter. À présent, elle laisse des morceaux de cadavres sur mon chemin. Un matin, en sortant du lit, j'ai trouvé une tête de souris et des bouts d'entrailles sur le sol. Cela me répugne. Comment puis-je l'empêcher de faire cela ? »

R

De nombreux propriétaires de chats trouvent cela tout aussi difficile que vous. Mais vous devriez mettre vos sentiments de côté et essayer de penser comme votre chatte pendant un moment. Pour elle, tuer une proie est un instinct naturel. Après tout, elle ne pourrait pas survivre dans la nature sans cela. Elle ne tue pas parce qu'elle a faim : la plupart des chats d'intérieur chassent pour l'excitation que cela leur procure. À moins que vous ne gardiez votre chatte tout le temps dans la maison, vous ne pourrez pas l'empêcher de tuer.

En rapportant des proies mortes dans la maison, votre chatte essaie de vous faire plaisir. Une mère chat rapporte des proies à ses chatons. Aux yeux de votre chatte, vous êtes un très mauvais chasseur – une sorte de chaton devenu grand trop vite – qui a besoin de son aide. En d'autres termes, ces morceaux d'animaux morts sont des cadeaux affectueux qu'elle vous fait. Il est intéressant de noter d'ailleurs que les chats les plus susceptibles d'apporter des proies mortes à leur maître sont les femelles opérées. On pense qu'elles ont canalisé leurs instincts maternels en les reportant sur leurs maîtres.

Donner davantage à manger à votre chatte ou la réprimander n'y changera rien. Elle ne peut pas relier des mots durs ni aucune autre forme de réprimande à la souris morte à vos pieds. Cela ne fera que la rendre confuse et effrayée. C'est donc une situation où vous devez maîtriser votre sensibilité humaine. Mettez la carcasse hors de vue de votre chatte et manifestez-lui un peu d'affection en la félicitant pour ses efforts. Après tout, c'est l'intention qui compte.

✳ QUAND VOTRE CHAT dépose une souris morte à vos pieds, il essaie de vous faire comprendre qu'il veille sur vous.

✳ IL EST IMPORTANT, en tant que maître, de surmonter sa répulsion et de féliciter son chat pour sa prise.

AUTRES ESPÈCES

Les chats ne sont pas les seules créatures à tuer sans faim. Tuer pour tuer est un phénomène rare mais bien étudié chez les prédateurs comme les renards et les loups. Leurs victimes sont généralement des animaux de ferme captifs, comme les poulets ou les moutons. Mais les auteurs de ces tueries ne tuent pas par plaisir. Il est plus que probable que, face à une surabondance de proies, les loups et les renards ne peuvent tout simplement pas maîtriser leurs instincts meurtriers.

POURQUOI MON CHAT VA-T-IL TOUJOURS VERS LES VISITEURS QUI N'AIMENT PAS LES CHATS ?

Q

«Je sais que certains chats sont asociaux, mais pourquoi sont-ils si amicaux avec les gens qui ne peuvent pas les supporter ? Chaque fois que je reçois un groupe d'amis, ma chatte entre dans la pièce, contourne toutes les personnes qui veulent la caresser et se frotte contre la seule personne qui n'aime pas les chats. Elle semble aussi bien plus heureuse sur les genoux de mon partenaire que sur les miens, alors que j'aime beaucoup plus les chats que lui. Pourquoi ne veut-elle pas plutôt être avec les gens qui aiment la côtoyer ? »

R

La tendance des chats à graviter autour des gens qu'ils rendent nerveux est quelquefois soulignée comme étant la preuve que ces animaux ont un caractère diabolique – ou qu'ils ont un sens de l'humour pervers. Mais c'est faire erreur sur la manière dont les chats agissent. Ce que vous décrivez démontre seulement que les humains et les chats interprètent un comportement amical de manières très différentes.

Quand nous saluons une personne, nous avons tendance à la regarder droit dans les yeux et à sourire. Normalement, elle réagit de la même manière, et si ce n'est pas le cas, nous avons une sensation immédiate de gêne. **Dans le monde des chats, un contact visuel direct équivaut à un défi.** En observant deux chats qui se battent pour la suprématie, vous remarquerez que le chat dominant fixe le perdant d'un regard intense jusqu'à ce qu'il détourne les yeux, admettant ainsi sa défaite.

Quand votre chatte entre dans une pièce pleine de gens, elle cherche un endroit tranquille où se coucher. Mais elle observe que la plupart des personnes – les amoureux des chats – la regardent. Quelques-unes l'appellent même par son nom ou claquent des doigts dans sa direction. Tout cela est très rebutant pour un chat. Puis, elle remarque quelqu'un qui l'ignore. Elle ne sait pas que cette personne essaie de l'éviter. Tout ce qu'elle voit, c'est un comportement qui ne la menace pas. Pour elle, il est parfaitement logique de se diriger vers cette personne.

Quant à sa préférence pour votre partenaire, il y a probablement une explication similaire. Vous vous considérez vous-même comme une amie des chats, mais demandez-vous qui est le plus susceptible de s'asseoir tranquillement et de laisser la chatte décider quand elle veut se montrer amicale. Il y a des chances pour que ce soit votre partenaire, et c'est pour cela qu'il fait un meilleur coussin.

* LES CHATS interprètent parfois de travers les signaux humains. Pour un chat, un regard qui se détourne signifie une absence de menace et non un manque d'intérêt.

* QUAND UN HUMAIN essaie de faire ami-ami avec un chat en le caressant, il peut sembler intimidant ou rebutant pour l'animal.

POURQUOI MON CHAT SE ROULE-T-IL SUR LE DOS S'IL DÉTESTE QU'ON LUI GRATTE LE VENTRE ?

Q

« Quand je rentre dans une pièce où ma chatte est couchée au soleil, elle ne vient pas me saluer. Au lieu de cela, elle se roule sur le dos et étire ses pattes. On dirait qu'elle veut que je lui gratte le ventre. Mais si je m'y aventure, elle sort ses griffes, et une fois elle m'a même mordu. Y a-t-il une manière spéciale de caresser le ventre d'un chat ou devrais-je m'en abstenir complètement ? »

R

Les chats éveillés ont tendance à vous saluer en se frottant contre vos jambes (*voir page 82*). Mais un chat somnolent n'a pas vraiment envie de se déranger en se levant, pas plus que n'importe quel humain. Se rouler sur le dos et montrer son ventre est la solution paresseuse des chats : l'équivalent d'un « bonjour » humain crié depuis le canapé.

* **LES CHATS** ne sont pas comme les chiens. Quand votre chat montre son ventre, il ne vous demande pas une caresse, il vous salue simplement avec déférence.

*IL EST PROBABLE que votre chat vous saluera de loin s'il a sommeil ou s'il vient juste de se réveiller.

Vous remarquerez que votre chatte vous regarde quand elle se roule sur le dos. C'est parce qu'elle adopte une position hautement vulnérable en exposant les parties de son corps habituellement cachées. Le bout de sa queue frémit sans doute légèrement, ce qui est un signe soit du léger souci que lui cause sa vulnérabilité, soit du désir qu'elle a à la fois de vous saluer et de continuer à dormir. Dans tous les cas, vous pouvez prendre comme un compliment le fait qu'elle vous fasse suffisamment confiance pour montrer son ventre. Elle ne fera ça qu'avec des humains qu'elle connaît bien.

Mais montrer son ventre pour vous saluer ne veut pas dire qu'elle vous invite à le gratter. **Certains chats aiment qu'on leur gratte le ventre, et d'autres non.** Le ventre est une partie sensible et vulnérable, et l'instinct d'un chat le porte à le protéger en tout temps – d'où les coups de griffes ou les morsures si vous vous y aventurez. Si un chat laisse un humain lui caresser le ventre, c'est le signe d'une relation extrêmement intime entre eux. Même alors, il est peu probable que le chat le laissera faire très longtemps.

AUTRES ESPÈCES

Les signes de soumission sont un outil social vital parmi les animaux qui vivent en groupes hiérarchisés ou en clans. Il n'est pas étonnant que l'on en trouve les signaux les plus élaborés parmi les singes. Les macaques à queue de cochon, par exemple, peuvent signifier la soumission à un singe dominant en lui présentant leur derrière, en faisant claquer leurs lèvres, en découvrant leurs dents et – encore plus abject – en offrant leurs bras à la morsure.

POURQUOI MON CHAT S'EN PREND-IL À MOI QUAND JE LE CARESSE ?

Q

« Pourquoi certains chats sont-ils si contrariants ? Prenez ma chatte. D'abord elle saute sur mes genoux et quémande des caresses. Je la caresse, et elle ronronne, l'air détendu et heureux. Puis soudainement, elle me mord la main méchamment. Enfin, elle saute de mes genoux aussi vite qu'elle le peut en me griffant souvent au passage. J'adore la caresser, mais j'en ai assez d'être blessée. Que devrais-je faire ? »

R

Ce que vous racontez est irritant, mais ce n'est pas parce que votre chatte est contrariante comme vous le dites. C'est un comportement très courant : le « syndrome du chat caressé-mordeur ».

Les spécialistes ont différentes théories quant aux raisons qui font qu'un chat s'en prend à la personne qui le caresse. Premièrement, il est possible que votre chatte, bercée par vos caresses, commence à somnoler. Elle se réveille ensuite en sursaut, ne sachant pas où elle est, mais consciente qu'elle est retenue (par votre main). Donc elle lutte instinctivement pour se libérer.

Une autre explication est que votre chatte n'aime pas être caressée trop longtemps. Surveillez un frémissement de la queue, une agitation croissante ou un aplatissement des oreilles. Ces signes indiquent que vous devriez cesser de la caresser. De même, évitez la zone sensible du ventre : de nombreux chats réagissent mal quand on les caresse là.

Certains chats sont heureux de rester couchés sur les genoux de leur maître pendant de longs moments, tandis que d'autres ne supportent pas du tout d'être pris. D'une manière générale, les chats qui ont été pris régulièrement entre l'âge de deux et sept semaines ont tendance à apprécier le contact des humains, tandis que les chatons qui n'y ont pas été beaucoup exposés l'éviteront plus tard. **Vous pouvez essayer d'augmenter la tolérance de votre chatte aux caresses en la prenant souvent sur vos genoux pour de courtes périodes, mais assurez-vous toujours de vous arrêter avant qu'elle ne commence à s'agiter. Ne frappez jamais un chat qui vous a mordu, car cela ne fera qu'augmenter son anxiété dans ses contacts avec vous.**

* UN CHAT peut sembler passer du contentement à l'agressivité en un instant, mais il a probablement montré des signes d'agitation avant de passer à l'attaque.

* LA TOLÉRANCE des chats aux caresses peut varier. Vous devrez évaluer celle de votre chat et augmenter progressivement la longueur des séances de caresses.

AUTRES ESPÈCES

Il est parfois difficile de déchiffrer les signaux d'agressivité des animaux. Prenez le bâillement de l'hippopotame. Il ne signifie pas une satisfaction paresseuse ; au contraire, c'est le signe qu'il va passer à l'attaque. Il est en train d'afficher les énormes défenses qui constituent son arme principale et de donner à son ennemi un aperçu de son haleine fétide.

POURQUOI MON CHAT VEUT-IL SORTIR DÈS QUE JE L'AI FAIT RENTRER ?

Q

« J'ai trois chats, et ils sont tous autant indécis quand il s'agit de rentrer ou de sortir de la maison. Je les laisse sortir, et cinq minutes après ils veulent de nouveau rentrer. Qu'est-ce que ce va-et-vient constant ? Pourquoi n'arrivent-ils pas à décider où ils veulent être ? Je ne peux pas installer une chatière, car je vis dans une location. »

R

Voici une de ces situations conflictuelles entre humains et chats qui peuvent gâcher une relation par ailleurs parfaitement harmonieuse. Il vous semble que vos chats se montrent déraisonnables. Ils devraient pouvoir rester dehors pour une durée normale, puis rentrer et rester à l'intérieur.

L'apparente indécision de vos chats s'explique par le fait que ce sont des animaux territoriaux. Mais à cause de leur nature domestique, leur territoire est divisé : une partie se trouve au-dehors et une partie dans la maison. De votre point de vue, la porte d'entrée marque le début de votre espace. Mais du point de vue d'un chat, c'est un obstacle artificiel situé au milieu de son domaine.

Vos chats veulent patrouiller régulièrement leur territoire pour vérifier que d'autres chats ne s'y trouvent pas et pour rafraîchir les signaux odorants qui constituent leurs repères. Cela implique une certaine quantité de va-et-vient et vous oblige à ouvrir et fermer

constamment les portes. Mais si vous y réfléchissez, vous réaliserez sans doute que ce qu'ils vous demandent n'est pas si contraignant que cela. Vous avez surtout en mémoire les moments où ils vous appellent pour les laisser sortir, mais il y a sûrement plein d'autres moments où ils restent à l'intérieur pour de longues périodes.

Ainsi, finalement, tout cela se réduit à une question de perception : la perception qu'ont vos chats de leur territoire et votre perception de leurs exigences par rapport à vous en tant que portier.

* **LES CHATS** veulent surveiller leur territoire fréquemment, mais ils ne passent parfois que de courtes périodes au-dehors avant de revenir à leur point de départ.

* **VOTRE CHAT** ne fait pas preuve d'indécision quand il entre et sort à intervalles brefs. Il se comporte simplement en chat.

4

RÉSOUDRE LES PROBLÈMES

✳ Les propriétaires de chats sont
généralement loyaux avec leurs animaux,
et ils tolèrent souvent des habitudes
déplaisantes, comme les salissures et les
pipis, pendant des mois, voire des années.
Mais la plupart des problèmes de
comportement peuvent facilement être
résolus une fois que l'on comprend ce
qui les sous-tend. Certains ont une cause
médicale et requièrent avant tout une
visite chez le vétérinaire. D'autres sont
psychologiques : les chats sont des
créatures sensibles qui expriment leur
détresse de nombreuses manières. On
peut éliminer certains problèmes de
comportement simplement en identifiant
la source de stress et en la supprimant.
D'autres questions demandent une analyse
et une gestion plus complexes.
Les difficultés les plus sérieuses peuvent
même nécessiter l'intervention d'un
spécialiste du comportement du chat.
Tous les problèmes étudiés dans ce
chapitre offrent des aperçus du caractère
unique du chat domestique et vous aideront
à vous assurer que votre animal mène
la vie la plus heureuse et la plus saine
possible.

POURQUOI MON CHAT ASPERGE-T-IL MES MURS ?

Q

« Mon chat a commencé à marquer le couloir de son urine, y laissant une terrible odeur. Chaque fois que je nettoie, il recommence. Cela me rend dingue, surtout que j'ai récemment fait retapisser les murs et remplacer la moquette. Je ne l'ai jamais pris sur le fait, mais je suis sûre qu'aucun autre chat n'entre chez nous (nous n'avons pas de chatière et mon chat reste à l'intérieur). Je l'ai fait opérer quand il était jeune, sur les conseils de l'éleveur, pour empêcher que cela ne se produise. Pourquoi laisse-t-il son urine partout et, plus important, comment puis-je l'empêcher de le faire ? »

R

S'il y a bien un comportement félin que les propriétaires de chats trouvent difficile à supporter, ce sont les pipis-marquages. Pourtant, pour un chat, c'est une manière tout à fait naturelle de marquer son territoire. Contrairement à la miction pendant laquelle il est accroupi, le chat marque son territoire en position debout, la queue levée et le derrière face à une surface verticale, comme un tronc d'arbre. Il prend cette position afin de déposer son odeur à hauteur de nez des chats les plus susceptibles de la remarquer. Bien que les chats opérés cessent pour la plupart de marquer leur territoire, certains d'entre eux continuent de le faire.

Les chats marquent généralement leur territoire dehors. La maison est un espace sûr pour eux, et ils n'ont donc pas besoin de la marquer. Il s'ensuit que marquer l'intérieur de la maison indique une insécurité territoriale d'une quelconque nature. Il peut y avoir des dizaines de causes à cela – depuis l'arrivée d'un autre chat jusqu'à la saleté de la litière. Cela peut aussi provenir d'un problème médical, donc il vaut mieux vérifier avec un vétérinaire. Dans votre cas, il est probable que le fait d'avoir redécoré la maison a rendu votre chat anxieux : il marque vos murs fraîchement retapissés pour réaffirmer que c'est son territoire.

Un chat a tendance à marquer là où cela sent déjà l'urine ; aussi nettoyez l'endroit avec un produit à base d'enzymes ou de la lessive biologique diluée dans de l'eau. Puis, traitez à l'alcool à 90 degrés et laissez sécher. (N'utilisez pas de produit à base d'ammoniaque, car ils contiennent des composants que l'on trouve aussi dans l'urine, et cela encouragera votre chat à continuer de marquer au même endroit.) Ensuite, laissez votre chat réexplorer la zone en votre présence. Une fois qu'il l'aura acceptée comme son territoire, il devrait cesser ses marquages urinaires.

* MARQUER l'intérieur de la maison de son urine est un comportement inhabituel chez un chat, et c'est souvent le signe que son sentiment de sécurité a été gravement perturbé.

* RESTER avec votre chat pendant qu'il explore l'endroit que vous avez nettoyé devrait l'empêcher de recommencer.

POURQUOI MON CHAT MANGE-T-IL MES PULLS EN LAINE ?

Q

« Je possède une chatte birmane qui a une habitude très bizarre : elle mange les pulls en laine. Elle a commencé à sucer mes vêtements quand je la caressais, puis j'ai remarqué qu'elle avait fait un trou dans l'un de mes pulls. Maintenant, on dirait que c'est une habitude. Je range tous les vêtements en laine, mais elle a commencé à mâchonner d'autres tissus, comme les draps et les serviettes. En dehors du coût de remplacement de tous ces articles, je m'inquiète aussi de ce que ce tissu ingéré peut lui faire. Pourquoi fait-elle cela et comment puis-je y remédier ? »

R

Le premier cas connu de chat mangeur de laine a été rapporté dans les années 50. Depuis, il est devenu clair que cette habitude, bien qu'étrange, n'est pas rare. Curieusement, on la trouve davantage chez certaines races que chez d'autres. Les chats siamois sont les mangeurs de laine les plus connus, mais les Birmans semblent aussi avoir cette tendance.

Il existe différentes théories quant à ce qui fait que les chats mangent de la laine. La plus crédible relie cette habitude au comportement suceur des chats qui ont été sevrés trop tôt (*voir page 24*). Cela semble certaine-ment être le cas de votre chat, qui, comme vous l'écrivez, a commencé par sucer, puis est passé à l'ingestion de laine et d'autres tissus. Le fait que les races orientales sont plus enclines à manger du tissu a peut-être quelque chose à voir avec leur caractère particulièrement sensible. C'est également plus courant parmi les chats d'appartement. Les chats que l'on laisse chasser dehors semblent rarement souffrir de désordres alimentaires de ce type.

Manger du tissu peut devenir un problème très sérieux. Les chats qui mangent de la laine ou d'autres matières de ce type peuvent souffrir d'obstructions intestinales. **Parmi les solutions possibles, vous pouvez jouer avec votre chatte plus souvent, idéalement plusieurs fois par jour, avec une plume attachée à une ficelle, par exemple, afin qu'elle puisse «chasser».** Si votre chatte ne sort pas, envisagez de la laisser sortir dehors, cela pourrait l'aider à réduire sa dépendance envers vous et augmenter l'importance des stimulations qu'elle reçoit. Vous pouvez aussi lui donner de la nourriture qu'elle devra déchirer de ses dents. Demandez conseil à votre vétérinaire.

✳ SUCER LES VÊTEMENTS aboutit parfois à les manger. Cette habitude peut devenir si prononcée que le maître ou la maîtresse devra mettre tous les vêtements et le linge de maison sous clé.

✳ LA LAINE n'est pas le seul tissu que les chats mâchonnent. Leur appétit peut s'étendre aux serviettes, aux draps et au linge de maison en général.

POURQUOI MON CHAT FUGUE-T-IL ?

Q

« Depuis que nous avons déménagé, il y a quelques mois, notre chat ne cesse de fuguer. Nous l'avons retrouvé plusieurs fois à notre ancien domicile, distant d'environ 20 minutes à pied du nouveau. Sur le conseil d'un ami, nous l'avons gardé à l'intérieur pendant plusieurs jours après le déménagement, mais il était très malheureux, et j'ai peur que cela n'ait fait que lui rendre notre nouvelle maison encore plus détestable. Notre ancienne voisine nous a proposé de l'adopter. Devrions-nous la laisser prendre notre chat adoré, ou pensez-vous qu'il peut encore s'adapter à notre nouvelle maison ? »

R

Un déménagement est une chose stressante pour les humains. Pour un animal très attaché à son territoire, comme le chat, c'est encore bien pis. Il n'est donc pas surprenant qu'il retourne hanter ses anciens lieux de prédilection. Comme vous avez déménagé à quelques kilomètres seulement, votre chat a rencontré des repères familiers en explorant son nouveau territoire. Assez naturellement, il en a profité pour pousser jusqu'à son ancien chez-lui. Votre voisine aime visiblement les chats, donc il est probable qu'il rencontre une réaction favorable quand il va là-bas – quelque chose qui renforce le message que son ancienne demeure est bonne pour lui.

Vous n'avez pas besoin de renoncer à votre compagnon. Votre ami avait raison en vous conseillant de confiner votre chat après le déménagement, mais quelques jours ne sont pas suffisants. Vous auriez dû le garder à l'intérieur pendant au moins un mois. Vous pouvez toujours tenter cette solution. Installez-le dans une pièce où il aura de la

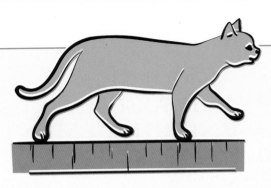

nourriture, de l'eau et une litière. Puis, permettez-lui de visiter graduellement le reste de la maison en laissant la porte ouverte de temps à autre. **Après cinq ou six semaines, il devrait se détendre et être à l'aise dans la nouvelle maison.** Assurez-vous que votre cour est bien clôturée, puis laissez-le sortir pour jeter un bref coup d'œil dehors. Ne lui donnez pas à manger avant. De cette manière, il répondra à votre appel pour son repas après quelques minutes d'exploration. Faites cela plusieurs fois d'affilée, en ne le laissant sortir que pendant la journée.

* LES CHATS d'extérieur
possèdent un sens du territoire
prononcé et retournent souvent
à leur ancien domicile quand
leur maître déménage.

* GARDER VOTRE CHAT
à l'intérieur pendant plusieurs
semaines après un déménagement
l'aidera à s'adapter à son nouvel
environnement.

POURQUOI MON CHAT FAIT-IL SA TOILETTE SI ÉNERGIQUEMENT QU'IL S'ARRACHE LE POIL ?

Q

« Mon adorable chat abyssin a un drôle de problème, que je n'ai jamais vu auparavant. Il a commencé à se toiletter si fréquemment qu'il a littéralement usé le pelage de son flanc par endroits. J'ai essayé de l'en empêcher, mais je ne peux évidemment pas le surveiller tout le temps, même s'il reste à la maison. Je viens d'avoir un bébé, donc je ne lui prodigue probablement pas autant d'affection qu'auparavant. Est-ce la raison de son comportement étrange ? »

R

Il est tout à fait normal pour les chats de passer des heures à faire leur toilette, mais quand ils la font de manière si fréquente qu'ils s'en arrachent les poils, alors il y a clairement quelque chose qui ne va pas. Un toilettage excessif indique parfois la présence de puces ou d'autres parasites, ou peut être le signe d'un trouble de santé. La première chose à faire est donc d'amener votre chat chez le vétérinaire.

S'il ne découvre aucune cause physique à ce comportement, alors il peut s'agir d'un comportement obsessionnel. Certaines races de chats, comme les Siamois, les Birmans et les Abyssins, sont particulièrement enclines à ce type d'obsession. Il est très important de s'occuper de cette habitude dès qu'elle apparaît et avant qu'elle ne se cristallise.

✳ LE TOILETTAGE EXCESSIF peut être déclenché par un évènement traumatisant et devenir ensuite un comportement récurrent. Il faut s'en occuper sérieusement.

✳ SE MORDRE une patte de manière répétée, tout comme se toiletter à l'excès, est un comportement obsessionnel que l'on observe parfois chez les chats.

Le toilettage excessif est souvent une réponse à un stress ou à un traumatisme. Il y a de nombreux déclencheurs possibles : un déménagement, des ouvriers à la maison ou tout simplement l'ennui. Vous êtes une jeune maman, et il est probable que l'arrivée d'un bébé dans la maison ait déconcerté votre chat. Réfléchissez aux changements intervenus dans l'environnement et les habitudes de votre chat à cause du bébé. Lui donnez-vous à manger à des heures différentes ? Sa litière a-t-elle été déplacée ? Ou encore, a-t-il perdu l'endroit où il dormait habituellement ? Réduisez ces changements au minimum.

En même temps, empêchez-le autant que possible de s'adonner à ce toilettage excessif. Tapez dans les mains pour le distraire, puis occupez-vous de lui et jouez avec lui. Veillez à ce qu'il soit stimulé par des jouets ou d'autres accessoires. Si tout cela échoue, votre vétérinaire peut vous suggérer un remède calmant pour aider à dissiper sa détresse.

AUTRES ESPÈCES

Les animaux sauvages en captivité ont fréquemment des comportements obsessionnels quand leurs conditions de vie sont inadéquats. Les girafes et les chameaux lèchent les murs en permanence, les fauves font les cent pas jusqu'à creuser un sillon, les ours mordent les barreaux de leur cage. Dans tous ces cas, le remède est de leur fournir un environnement plus sain et épanouissant.

POURQUOI MON CHAT N'UTILISE-T-IL PLUS SA LITIÈRE ?

Q

« Ma chatte, qui a six ans, avait des habitudes de propreté exemplaires jusqu'à présent. Il y a quelques semaines, elle a eu un "accident". J'ai nettoyé derrière elle et n'y ai plus pensé, mais elle a recommencé. À présent, elle fait ses besoins où cela lui chante, et ne se sert plus du tout de la litière. Je suis au bout du rouleau, et ma maison commence à sentir mauvais. Comment faire pour que ma chatte redevienne propre ? »

R

La première chose à faire est de vous demander si votre chatte a un problème de santé. Une maladie rénale ou une infection urinaire l'empêche peut-être d'atteindre sa litière à temps. Amenez-la au plus tôt chez le vétérinaire pour un bilan. Si les résultats sont bons, réfléchissez alors aux changements qui sont intervenus dans sa routine. Les chats sont très sensibles aux changements dans leur environnement, particulièrement autour de leur litière. Si vous avez bougé son bac à litière, par exemple, il est peut-être maintenant trop près des activités humaines de la maisonnée. Une nouvelle marque de litière, ou une quantité moindre dans son bac peut aussi empêcher votre chatte de l'utiliser. Les chats sont extrêmement pointilleux et ne se servent pas d'une litière sale. À l'inverse, un chat peut aussi refuser d'utiliser une litière si elle sent trop le désinfectant ou le désodorisant. Prenez des mesures pour modifier tout ce que vous pourrez identifier comme problèmes.

* **UN DÉCLIN** soudain dans la propreté de votre chat peut être dû à un problème médical, à un stress ou tout simplement à un changement dans ses habitudes.

* **ENFERMER UN CHAT** dans une pièce est une manière de le rééduquer. Mais aucun chat n'aime faire ses besoins près de là où il mange ; on s'assure donc de placer sa litière loin de sa nourriture.

S'il n'y a aucune raison matérielle au comportement de votre chatte, c'est peut-être une expérience déplaisante qui a déclenché son aversion pour la litière. Si par exemple votre chatte a été réprimandée ou si on lui a donné un médicament pendant qu'elle s'y trouvait, elle ne veut peut-être plus s'en approcher. Dans ce cas, remplacer le bac ou le déplacer peut être utile. Vous pouvez rééduquer votre chatte en la confinant dans une seule pièce et en la déposant gentiment sur la litière après chaque accident. Une fois qu'elle aura recommencé à se servir de la litière, vous pourrez graduellement lui permettre de se déplacer dans le reste de la maison.

Nettoyez toujours avec une solution de lessive biologique après un accident, puis vaporisez de l'alcool à 90 degrés avec un vaporisateur à plantes. Cela éliminera les odeurs résiduelles qui pourraient encourager votre chatte à considérer ces endroits comme de futures latrines.

POURQUOI MON CHAT SAUTE-T-IL SUR MON NOUVEAU PARTENAIRE ?

Q

« J'ai eu mon chat quand il était tout petit. À l'époque, j'étais mariée, mais depuis j'ai divorcé. Mon chat a été un vrai réconfort pour moi quand j'étais seule, et je l'adore. Mais on dirait qu'il déteste mon nouveau partenaire. Quand le pauvre homme est en train de dormir, il saute sur ses orteils et les mord. J'ai mis le chat à la porte de notre chambre, mais il ne cesse de miauler et nous empêche de dormir. À présent, il s'en prend à mon compagnon même durant la journée. Que puis-je faire ? J'espère que je ne vais pas devoir choisir entre mon homme et mon chat. »

R

Votre chat semble se comporter comme un amoureux jaloux et vous vous sentez impuissante à jouer la médiatrice entre les deux mâles de votre vie. Ne vous faites pas de souci : vous pouvez amener votre chat à accepter cette nouvelle situation. Mais cela vous demandera du temps, de la patience et de la persévérance.

Votre chat se sent menacé par l'arrivée de votre partenaire dans la maison. Vous devez lui démontrer que ses tentatives pour prendre le contrôle de la situation ne marchent pas.

Donc, aussi difficile que cela puisse paraître, votre partenaire devra répondre aux attaques du chat par l'indifférence (porter des vêtements épais et de grosses chaussures lui facilitera la tâche). Si votre chat ne parvient pas à déclencher de réaction chez lui, il finira par se lasser. Entre-temps, votre partenaire et vous devrez ignorer totalement son comportement: ne le regardez pas, ne lui parlez pas et ne le touchez pas.

Pour le salut des orteils de votre partenaire, il vous faudra mettre le chat à la porte de la chambre la nuit. Fournissez-lui un autre endroit confortable où dormir, et laissez-lui un peu d'aliments secs à grignoter. Préparez-vous à endurer des miaulements furieux pendant quelques nuits, mais ne cédez pas. Si vous le faites, il faudra tout recommencer.

En même temps, durant la journée, jouez avec votre chat et donnez-lui beaucoup d'attention. Si vous tenez la main de votre partenaire, efforcez-vous de caresser le chat en même temps, afin qu'il s'habitue à l'idée qu'il ne s'agit pas d'une situation de type «lui ou moi». Progressivement, votre chat finira par accepter les choses. Vous verrez qu'il finira même par aller vers votre partenaire de son plein gré.

✳ DES ORTEILS qui pointent hors des couvertures font une cible tentante pour un chat, mais les morsures douloureuses ne doivent pas être tolérées.

✳ UN HAMAC en peau de mouton accroché à un radiateur fait une couche confortable pour un chat et peut le consoler d'avoir été mis à la porte de la chambre à coucher.

POURQUOI MON CHAT GRIFFE-T-IL MES MEUBLES ?

Q

«J'ai eu ma belle chatte il y a deux ans, quand elle n'était encore qu'un chaton. C'est une chatte d'intérieur qui s'est parfaitement adaptée à la vie dans mon appartement et qui possède un tempérament merveilleusement joueur. Mais c'est une vraie griffeuse. Jusqu'à présent, elle a détruit mon canapé et le papier mural, et elle a même déchiré mes rideaux. Ma collègue me dit que la seule solution est de lui faire enlever les griffes. Y en a-t-il une autre?»

R

L'instinct de votre chatte, comme celui de tous les félins, la pousse à griffer. À l'extérieur, elle se ferait les griffes sur les arbres, les piliers, les abris de jardin et autres surfaces appropriées. Ce comportement tout à fait naturel est destiné non seulement à aiguiser ses griffes, mais aussi à marquer son territoire. Les griffures laissent une marque visuelle et contiennent son odeur, laquelle est libérée par des glandes situées entre les coussinets de ses pattes.

Votre chatte se comporte donc exactement comme un chat le devrait et elle ne sait pas qu'elle abîme votre maison. Vous devez trouver une solution pour pouvoir vivre ensemble. Lui faire retirer les griffes n'est certainement pas la solution. Les gens imaginent que cette opération est un peu comme couper les griffes du chat, mais en réalité cela signifie retirer la griffe ainsi que la première jointure de ses «orteils». Cela implique des douleurs postopératoires et peut

AUTRES ESPÈCES

Le seul membre de la famille des félins qui ne possède pas de griffes rétractables est le guépard. Ses griffes sont toujours exposées. On ne sait pas bien pourquoi, mais c'est une caractéristique qui contribue à la vitesse stupéfiante de cet animal. Les griffes du guépard fonctionnent comme des crampons de chaussures de course, agrippant le sol quand il court, ce qui lui permet de prendre de la vitesse à chaque foulée.

affecter à la fois l'équilibre du chat et sa capacité à se défendre quand il sort à l'extérieur. Pour toutes ces raisons, faire enlever les griffes d'un chat est illégal dans certains pays.

Au lieu de cela, vous devez canaliser le besoin de griffer de votre chatte. Achetez par exemple un poteau à griffer en sisal. Choisissez-en un qui est robuste et ne vacille pas. Il doit être assez haut pour permettre à votre chatte de se dresser de toute sa hauteur. Laissez-le près de l'endroit qu'elle griffe le plus souvent jusqu'à ce qu'elle s'y habitue. Vous pourrez ensuite le déplacer dans un endroit un peu moins encombrant. Veillez à la laisser explorer le poteau comme elle en a envie : lui montrer comment griffer ne ferait que la rebuter. Assurez-vous aussi qu'elle ait suffisamment de jouets et que vous jouiez avec elle assez souvent pour la stimuler.

✱ UN POTEAU À GRIFFER permet de satisfaire le besoin de griffer des chats d'appartement — et tient leurs griffes éloignées de vos meubles.

✱ LES GRIFFURES sont l'une des manières qu'utilisent les chats pour marquer leur territoire. Les chats d'intérieur se font les griffes sur les murs, les rideaux et les meubles.

POURQUOI MON CHAT
NE SE SERT-IL PAS
DE LA CHATIÈRE ?

Q

« J'ai adopté le chat d'un ami. Il a trois ans, et c'est à la fois un chat d'intérieur et d'extérieur. Je travaille durant la journée, mais j'ai fait installer une chatière pour qu'il puisse sortir dans le jardin quand il le veut. Pourtant, il refuse de s'en servir et préfère attendre que je revienne à la maison pour le laisser sortir. On m'a conseillé de le faire passer de force à travers la chatière pour lui montrer que c'est sans danger. Mais quand j'ai essayé, il s'est débattu, et il semble avoir une véritable aversion pour elle à présent. Il adore être dehors et me demande de le laisser sortir dès que je rentre. Comment puis-je l'habituer à se servir de la chatière ? »

R

Le problème ici est que votre chat a une vision de la chatière différente de la vôtre. Vous pensez qu'une fois qu'il saura s'en servir, il adorera la liberté que cela lui procure. Mais votre chat est désorienté par cet appareil qui le propulse dehors sans qu'il ait eu le temps de vérifier s'il y a des ennemis alentour. Pire encore, son compagnon humain, en qui il avait confiance, a tenté de le faire passer de force par là. Il a donc décidé de ne plus s'en approcher.

Vous devez lui montrer que la chatière offre un accès à l'extérieur sûr et sans danger. Commencez par ouvrir le rabat de la chatière en le fixant avec de la ficelle ou un solide ruban adhésif, afin qu'il puisse voir le jardin au travers. Quand il est dehors et qu'il vous demande de rentrer, encouragez-le à passer par la chatière en posant un peu de nourriture de l'autre côté. Il est plus facile de convaincre un chat réticent de rentrer par la chatière que de le convaincre d'en sortir. Faites cela plusieurs fois de suite, puis essayez de l'attirer dehors en le tentant avec de la nourriture ou un jouet. Une fois qu'il se sera habitué à la chatière, vous pourrez progressivement relâcher le rabat, centimètre par centimètre, sur une période d'une semaine environ. Votre chat finira par apprendre à pousser le rabat pour l'ouvrir. Mais veillez à ne pas le presser.

Surveillez que d'autres chats du voisinage ne pénètrent pas dans la maison par la chatière. Si cela se produisait, votre chat ne se sentirait plus en sécurité. Dans ce cas, il vaudrait mieux condamner la chatière et faire sortir et rentrer votre chat vous-même, aussi ennuyeux que cela puisse être.

✳ IL N'EST PAS RARE qu'un chat dédaigne la chatière que son maître attentionné a fait installer et exige de sortir par la porte.

✳ ENTROUVRIR le rabat de la chatière aide votre chat à comprendre qu'elle permet d'accéder à l'extérieur. Mais cela peut prendre du temps avant qu'il ne passe au travers.

POURQUOI MON CHAT REFUSE-T-IL D'ALLER DEHORS ?

Q

« J'ai toujours gardé ma chatte à l'intérieur, car je vivais en ville et j'avais peur qu'elle n'ait un accident ou se batte avec d'autres chats. À présent, j'ai déménagé dans un quartier tranquille. J'ai un grand jardin et j'aimerais lui donner la chance d'aller à l'extérieur. Je pensais qu'elle sauterait sur l'occasion, mais elle semble plutôt réticente. Quelle est la meilleure solution : la garder à l'intérieur ou continuer à l'encourager à sortir ? »

R

Cette question soulève de grands débats. En Amérique du Nord, la plupart des gens gardent leurs chats à l'intérieur. Les recherches ont montré que les chats d'intérieur vivent bien plus vieux que ceux qui sont libres d'errer à l'extérieur, où ils affrontent les dangers de la circulation, les animaux sauvages et les maladies. La plupart des refuges pour animaux conseillent fortement aux futurs propriétaires de garder leurs chats à l'intérieur.

✱ UN CHAT D'INTÉRIEUR peut très bien choisir de ne pas sortir quand on lui en donne l'occasion. Ne le forcez pas à le faire s'il n'en a pas envie.

Toutefois, les problèmes de comportement comme les griffures, les marquages et les souillures sont plus susceptibles de se produire avec des chats d'intérieur, ce qui semble indiquer que le confinement est une source de stress. Malgré tout, de nombreux vétérinaires pensent que les chats s'adaptent facilement et heureusement à une vie d'intérieur, pourvu qu'ils bénéficient d'assez d'attention et d'exercice physique. Deux chats qui vivent ensemble semblent mieux supporter une vie confinée, mais partager leur espace avec de nombreux autres chats peut augmenter leur niveau de stress.

Étant donné que votre chatte ne manifeste aucun intérêt pour l'extérieur, il est peut-être préférable de la laisser à l'intérieur. Ou bien vous pouvez essayer de lui donner le goût du dehors grâce à des «sorties surveillées». Assurez-vous que votre jardin est bien clôturé afin qu'elle ne puisse pas s'échapper. Transportez-la ensuite dans le jardin. Elle préférera peut-être rester dans vos bras, mais vous pouvez aussi la laisser explorer un peu les alentours tout en la surveillant. Si elle s'approche de la clôture, tapez dans vos mains pour la dissuader de la franchir. Ne prolongez pas les sorties, afin qu'elle ne soit pas tentée d'aller plus loin : 20 minutes environ devraient suffire.

✳ LES SORTIES SURVEILLÉES
permettent aux chats nerveux
de faire l'expérience du spectacle,
des odeurs et des bruits du monde
extérieur en sécurité.

POURQUOI MON CHAT PRÉFÈRE-T-IL L'EAU DE L'ÉTANG À L'EAU FRAÎCHE ?

Q

« Chaque jour, je verse de l'eau fraîche dans un bol pour ma chatte et je le pose près de sa nourriture. Mais elle se détourne invariablement de son bol pour aller boire dans notre étang. Je l'ai même vue boire une fois dans une flaque d'eau boueuse : c'était dégoûtant. J'ai peur qu'elle n'attrape une maladie, bien qu'elle semble aller bien jusqu'à présent et qu'elle boive dans l'étang depuis des années. Pourquoi préfère-t-elle l'eau stagnante à l'eau fraîche ? »

R

Votre chatte n'est pas la seule dans son cas. De nombreux propriétaires sont stupéfaits de voir leur compagnon rejeter l'eau fraîche au profit d'eau croupie. Comme bien d'autres comportements bizarres du chat, celui-ci a une explication parfaitement rationnelle. Notre eau du robinet est fortement traitée et contient de petites quantités de chlore. Pour les chats, qui ont un sens de l'odorat très développé, cette eau fraîche a des relents chimiques de piscine.

L'odeur du détergent dont vous vous servez pour nettoyer son bol peut aussi rebuter votre chatte (elle serait aussi rebutée par son bol de nourriture si l'odeur alléchante de la viande ou du poisson ne surpassait toute impression olfactive déplaisante). C'est la raison pour laquelle elle va boire dans l'étang. Pour elle, l'odeur de l'eau stagnante ou boueuse est avant tout naturelle.

Puisqu'elle ne semble pas en souffrir, il n'y a sans doute aucune raison de s'inquiéter. Dans la nature, les animaux boivent évidemment dans les mares et les étangs. Toutefois, certaines maladies peuvent être transmises par l'eau sale, et il est préférable d'encourager votre chatte à boire de l'eau pure. Veillez à bien rincer ses ustensiles et à lui donner de l'eau de source naturelle à boire.

Les chats n'ont pas besoin d'autant d'eau que d'autres animaux. Certains d'entre eux préfèrent boire dans une tasse ou un verre plutôt que dans un bol. D'autres ne veulent que de l'eau courante et aiment boire dans les toilettes ou à un robinet qui fuit. Enfin, d'autres encore boivent d'une manière plutôt charmante : en trempant leur patte dans l'eau puis en la suçant.

✳ RINCEZ le bol d'eau soigneusement pour ôter toute trace de détergent, car les chats trouvent cela rebutant.

✳ L'EAU d'un étang ou d'une flaque est plus attirante que l'eau du robinet pour certains chats, car cette dernière sent quelquefois le chlore.

POURQUOI MON CHAT MIAULE-T-IL LA NUIT ALORS QU'IL NE L'A JAMAIS FAIT ?

Q

« Mon chat a récemment commencé à miauler la nuit. Un peu après minuit, il erre dans la maison en poussant d'horribles miaulements sonores. Je vais le chercher, et il a l'air tout à fait normal, comme s'il ne s'était rien passé. D'habitude, je lui fais un câlin et je le ramène dans mon lit, où il se blottit pour dormir. Il a 14 ans et n'a pas l'air d'être malade ou blessé. Durant la journée, il va très bien. Est-il en train d'essayer de me dire quelque chose ? »

R

Avant tout, les miaulements nocturnes peuvent indiquer différents problèmes de santé, comme l'hyperthyroïdie ou une tension élevée. Vous devez donc amener votre chat chez le vétérinaire en premier lieu pour vous assurer qu'il n'est pas malade.

De nombreux chats en bonne santé se mettent à miauler la nuit quand ils prennent de l'âge. Il est possible qu'une vue ou une audition en baisse ne leur permettent plus de s'orienter aussi bien dans la maison. Quand ils sont désorientés, les chats se mettent à miauler. Une autre cause possible est la solitude. Votre chat pourrait aller à vous, mais maintenant qu'il est vieux, il trouve plus facile de vous demander de venir à lui. Les chats plus jeunes miaulent aussi la nuit. Ce comportement est généralement déclenché par quelque chose qui

On croit généralement que les loups hurlent à la lune (en particulier à la pleine lune), mais les loups hurlent à la nuit, qu'il y ait une lune ou pas. Ces hurlements sont une manière d'unir la meute et de l'avertir de la présence d'autres clans. D'un point de vue humain, le hurlement prolongé des loups est l'un des sons naturels les plus sinistres et les plus effrayants qui soient.

menace leur sentiment de sécurité, comme un déménagement ou la naissance d'un bébé. Les miaulements deviennent une habitude chez eux s'ils comprennent qu'ils attirent votre attention.

La plupart des propriétaires de chats sont assez gentils pour tolérer des miaulements la nuit de la part de leurs vieux compagnons. Mais si votre chat est relativement jeune, vous voudrez sans doute le rééduquer. Pour cela, il faut que vous vous endurcissiez un peu. Fermez la porte de votre chambre, achetez-vous des boules Quies et ignorez ses miaulements, aussi pitoyables qu'ils vous semblent. Votre chat finira par comprendre que les miaulements ne marchent pas. Il est préférable de combiner cette méthode avec une thérapie par l'aversion, en produisant par exemple un grand bruit quand les miaulements commencent. Mais ne vous embarquez dans ces méthodes que lorsque vous serez sûr qu'il n'y a pas de cause médicale à ces manifestations et que votre chat ne court aucun danger.

✱ MIAULER LA NUIT est très courant chez les vieux chats et peut être une habitude développée pour attirer l'attention de leur maître.

✱ SI LA CAUSE des miaulements est la solitude, votre chat s'apaisera et s'endormira dès qu'il sera près de vous.

POURQUOI MON CHAT ME DEMANDE-T-IL CONSTAMMENT DE LE NOURRIR ?

Q

« J'ai adopté dans un refuge un magnifique chat errant de deux ans. J'adore sa compagnie, excepté pour une chose. Chaque fois que je suis dans la cuisine, il passe son temps à quémander de la nourriture. Il saute sur les surfaces de travail quand je cuisine et sur mes genoux quand j'essaie de manger. Je lui donne trois repas par jour ainsi que les restes de mon dîner. Pourquoi a-t-il toujours l'air d'avoir faim ? »

R

C'est très gentil d'avoir donné un toit à un chat abandonné. À présent, vous et lui devez trouver la bonne manière de vivre ensemble. Quand il était dans la rue, votre chat a peut-être pris l'habitude de chercher constamment de la nourriture, car il ne savait pas quand son prochain repas aurait lieu. Ce comportement est devenu une habitude enracinée, et vous l'avez renforcée par inadvertance en donnant à votre chat les restes de votre assiette.

Il faut absolument que vous posiez des limites à votre chat, mais vérifiez d'abord s'il a un poids normal pour sa taille. Les chats errants ont quelquefois besoin de manger plus que d'ordinaire pendant quelque temps pour stabiliser leur poids. Amenez-le chez le vétérinaire pour vous assurer qu'il n'est pas sous-alimenté ou en mauvaise santé.

Si vous êtes sûre que votre chat mange suffisamment, alors il faut que vous lui appreniez que mendier ne marche pas avec vous. La seule manière de faire cela est de refuser de récompenser son comportement. Nourrissez-le à heures fixes plutôt qu'à la demande. Et ne lui donnez jamais à manger de votre assiette : si vous le faites de temps en temps, il pensera qu'il a des droits sur votre nourriture.

Ne lui permettez pas non plus de sauter sur les surfaces de travail. Chaque fois qu'il le fait, reposez-le simplement par terre. S'il persiste, mettez-le à la porte de la cuisine pendant un petit moment pour l'aider à saisir le message. Restez toujours calme ; crier après un chat le rend nerveux, et cela cause plus de problèmes comportementaux que cela n'en résout. Avec le temps, votre chat comprendra que mendier ne lui rapporte rien, et il cessera tout simplement.

* DONNER à un chat les restes de votre assiette l'autorise à penser qu'il a des droits sur votre nourriture.

* QUÉMANDER constamment est une habitude irritante. Votre chat ne cessera que si vous refusez de récompenser ses demandes avec de la nourriture.

AUTRES ESPÈCES

De nos jours, les chats errants entrent souvent en compétition avec d'autres vagabonds urbains comme les ratons-laveurs et les mouettes. Les ratons-laveurs mangent n'importe quoi et ont appris à ouvrir les poubelles et les bennes à ordures pour trouver des restes comestibles. Les mouettes trouvent facilement de quoi picorer dans les décharges, mais elles ont parfois suffisamment d'audace pour piquer sur quelqu'un qui mange une glace et la lui arracher de la main.

POURQUOI MON CHAT SE DÉBAT-IL TOUJOURS QUAND ON VA CHEZ LE VÉTÉRINAIRE ?

Q

«Ma chatte de trois ans ne supporte pas d'aller chez le vétérinaire. Dès qu'elle voit le panier dans lequel je la mets pour y aller, elle s'enfuit et se cache. En plusieurs occasions, j'ai dû annuler le rendez-vous, car je ne parvenais pas à la trouver. Elle m'a aussi griffée sérieusement une fois. C'en est arrivé au point où je crains ces rendez-vous autant qu'elle. Comment puis-je faire pour que ce soit plus facile pour nous deux?»

R

Vous n'êtes pas seule à affronter ce problème: d'innombrables propriétaires de chats se sont aperçus qu'ils ne pouvaient pas trouver leur animal quand il était l'heure de se rendre chez le vétérinaire. Il n'est pas vraiment étonnant que les chats n'aiment pas cela. C'est un environnement étranger où l'on trouve des chats potentiellement hostiles ainsi que d'autres animaux. De plus, on les y soumet à des expériences incompréhensibles et déplaisantes comme les examens et les injections. Si vous ne vous servez du panier que pour amener votre chatte chez le vétérinaire, il est clair qu'elle l'a associé à une mauvaise expérience dans son esprit. Aussi, dès qu'elle le voit, elle s'enfuit.

✳ SI UN CHAT associe le panier avec le fait d'aller chez le vétérinaire, il s'enfuira aussitôt que l'objet détesté fera son apparition.

✳ METTRE UN CHAT récalcitrant
dans un panier est une tâche
épuisante, et vous y gagnerez
peut-être de mauvaises griffures.

Vous devez vous-même être aussi calme que possible : si votre chatte comprend que vous êtes stressée, il est probable qu'elle deviendra aussi anxieuse. Préparez le panier hors de sa vue (et de son champ auditif), puis ouvrez la porte et posez-le dos au mur afin qu'il reste stable pendant que vous introduisez votre chatte dedans. Prenez votre chatte, tenez-la bien et portez-la jusqu'au panier. Introduisez-la à l'envers en mettant d'abord son derrière et ses pattes arrière dans le panier, puis en poussant doucement sur sa tête pour la faire entrer. Fermez ensuite rapidement la porte.

Si votre chatte est très nerveuse, il pourrait être utile de laisser le panier sorti en permanence. Mettez une couverture à l'intérieur afin qu'il soit confortable et laissez un peu de nourriture sèche ou un jouet bourré d'herbe à chats dedans. Cela aidera votre chatte à créer des associations positives avec le panier et facilitera l'opération de l'y mettre quand ce sera nécessaire. Une ou deux gouttes d'huile essentielle de lavande ou de camomille sur une boule de coton dans le panier aideront aussi votre chatte à se calmer.

POURQUOI MON CHAT A-T-IL L'AIR MALHEUREUX MAINTENANT QU'IL A UN COMPAGNON ?

Q

« Une de mes amies a déménagé outre-mer et m'a demandé d'héberger son chat bien-aimé, qui a à peu près le même âge que le mien (tous deux sont des mâles castrés habitués à vivre à l'intérieur). Ils semblent très bien s'entendre. Mais j'ai réalisé que je vois plus souvent le chat de mon amie que le mien. Celui-ci passe maintenant la plupart de son temps dans ma chambre. Il descend au rez-de-chaussée pour manger et se servir de la litière, mais ne rôde plus autour de moi comme avant. Par ailleurs, même s'il défèque toujours dans son bac, il a fait quelques petites mares ailleurs. Quelle est la raison de ce comportement ? »

R

Les propriétaires de chats aiment à penser que leurs animaux s'entendent bien. Mais ce n'est pas parce qu'ils ne se battent pas qu'il n'y a pas de lutte sur un autre plan. Le fait que votre chat reste tapi dans votre chambre toute la journée signifie que la relation est difficile. Et comme c'est votre chat qui bat en retraite, il est évident que c'est le chat de votre amie qui domine la situation.

Un chat dominant peut bloquer l'accès à la litière ou à la nourriture de manière à soumettre l'autre chat. Vu les accidents récents de votre chat, il se pourrait que le chat de votre amie l'intimide de cette manière. Le vôtre se débrouille pour déféquer dans son bac parce qu'il est plus facile de retenir des selles. Mais il a besoin d'uriner plus souvent, et il le fait là où il peut.

Pour résoudre le problème, prévoyez au moins deux bacs à litière et placez-les à des endroits différents dans la maison (dont un près de votre chambre). Le chat de votre amie ne pourra patrouiller partout en même temps et il ne pourra plus empêcher votre chat d'y accéder. Pour les mêmes raisons, veillez à ce que votre chat puisse facilement sortir du bac à litière, ne le coincez pas dans un recoin. Vous devriez aussi prévoir deux couches séparées ainsi que deux endroits où poser leur nourriture. Pour augmenter le territoire que les deux chats peuvent explorer, installez des arbres à chat et achetez des poteaux à griffer de même que des jouets. Tout cela devrait aider vos chats à cohabiter plus harmonieusement. S'il n'y a aucune amélioration, il faudra envisager de reloger le chat de votre amie.

＊ BLOQUER l'accès à la nourriture, à la litière ou à la couche est un moyen très efficace pour un chat de se débarrasser d'un autre.

＊ LES ARBRES À CHAT contentent le désir des chats de grimper en hauteur et augmentent aussi l'espace qu'ils peuvent explorer.

REMERCIEMENTS

Je voudrais remercier tous les amoureux
des chats qui m'ont fait part de leurs
expériences, en particulier Clare Lanchbery,
Jacqui Boddington, Juliet Cox, Wenda et Allan
Bradley et Jonathan Bastable.
Une mention spéciale à Cleo, Marmaduke,
Daisy, Frank, Nancy, Sid et Oscar.

Les réponses et les conseils contenus dans ce livre
se rapportent à des cas particuliers et ne doivent
pas se substituer à l'avis d'un vétérinaire. Si vous avez
des craintes concernant la santé de votre chat ou
son comportement, n'hésitez pas à consulter.